박시백의 조선왕조실록

14

숙종실록

일러두기

2024 어진 에디션은 정사 《조선왕조실록》을 바탕으로 한 이 책의 특징을 드러내고자
어진과 공신화에서 모티브를 얻어 박시백 화백이 새롭게 표지화를 그렸다. (표지화 인물: 숙종)

박시백의
조선왕조실록

The Veritable Records of
the Joseon Dynasty
14
The Veritable Records of
King Sukjong

숙종실록

Humanist

머리말

외환위기가 한창이던 때였다. 어쩌다가 사극을 재미있게 보게 되었는데 역사와 관련한 지식이 너무도 부족한 자신을 발견하게 되었다. 그도 그럴 것이 젊은 날에 본 역사서는 근현대사가 대부분이었고, 조선사에 대한 지식이라고는 중·고교 시절에 학교에서 배운 단편적인 것들이 거의 전부였다. 당시 나는 신문사에서 시사만화를 그리고 있었다. 다행히 신문사에는 조그만 도서실이 있었는데, 틈틈이 그곳에서 난생처음 조선사에 대한 여러 책을 접할 수 있었다.

조선사, 특히 정치사는 흥미진진했다. 거기에는 우리에게 익숙한 수많은 역사적 인물의 신념과 투쟁, 실패와 성공의 이야기가 있었고,《삼국지》나《초한지》등에서 만나는 극적인 드라마와 무릎을 치게 하는 탁월한 처세가 있었다. 만화로 그리면 재미있겠다는 생각이 들었다. 몇 권 더 구해 읽다 보니 한 가지 궁금증이 생겼다. 어디까지가 정사에 기록된 것이고 어느 부분이 야사에 소개된 이야기인지가 모호했다. 이 대목에서 결심이 섰던 것 같다. 조선 정치사를 만화로 그리자, 그것도 철저히《실록》에 기록된 정사를 바탕으로 그리자.

곧이어 다니던 신문사를 그만두고《국역 조선왕조실록 CD-ROM》을 구입했다. 돌이켜보면 참 무모한 결심이었다. 특정한 출판사와 계약한 것도 아니고,《실록》의 한 쪽도 직접 본 적 없는 상태에서 작업에 전념한다는 미명 아래 회사부터 그만두었으니. 내 구상만 듣고 아무 대책 없는 결정에 동의해준 아내에게도 뭔가가 씌웠던 모양이다. 궁궐을 찾아 사진을 찍고 화보자료를 찾아 헌책방을 기웃거렸다. 1권에 해당하는 부분을 공부한 뒤 콘티를 짜기 시작했다. 동네를 산책하면서도 머릿속에서는 항상 그 시대의 인물들이 이야기를 주고받고 다투곤 했다. 어쩌다 어떤 인물의 행동이 새롭게 이해되기라도 하면 뛸 듯이 기뻤다.

마침내 펜선을 입히면서 수십 장이 쌓인 뒤 처음부터 읽어보면 이게 아닌데 싶어 폐기하기를 서너 번, 그러다 보니 어느새 1년이 후딱 지나가버렸다. 아무런 결과물도 없이 1년이 흘렀다고 생각하니 슬슬 걱정이 차오르기 시작했다. 이러다간 안 되겠다 싶어 100여 장의 견본을 만들어 무작정 출판사를 찾아가기로 했다. 그렇게 견본을 만든 후 몇 군데에서의 퇴짜는 각오하고 출판사를 찾아가려던 차에 동료 시사만화가의 소개로 휴머니스트를 만나게 되었고, 덕분에 다른 출판사들을 찾아가지는 않아도 되었다.

이 만화를 그리며 염두에 둔 나름의 원칙이 있다면 이랬다.
첫째, 정치사를 위주로 하면서 주요 사건과 해당 사건에 관련된 핵심 인물들의 생각과 처신을 중심으로 그린다.
둘째, 《실록》의 기록을 바탕으로 하면서 학계의 최근 연구 성과를 적극 고려하고 필자 스스로도 적극적으로 해석에 개입한다.
셋째, 성인 독자들을 주된 대상으로 삼되, 청소년들과 역사에 관심이 남다른 어린이들이 보아도 무방하게 그린다.

흔쾌히 출판을 결정해준 휴머니스트 김학원 대표와 책이 나오는 데 애써준 휴머니스트 식구들에게 감사드린다. 그리고 언제나 곁에서 응원해주고 적절히 비판해주는 아내와 사랑하는 두 딸! 고맙다.

2003년 6월

세계기록유산은 모두의 것이며,
모두를 위해 온전히 보존되고 보호되어야 하며,
문화적 관습과 실용성을 충분히 인식하여
모든 사람이 장애 없이 영구적으로 접근할 수 있어야 합니다.

The world's documentary heritage belongs to all,
should be fully preserved and protected for all and,
with due recognition of cultural mores and practicalities,
should be permanently accessible to all without hindrance.

—〈유네스코 '세계의 기억' 프로그램의 목표〉 중에서

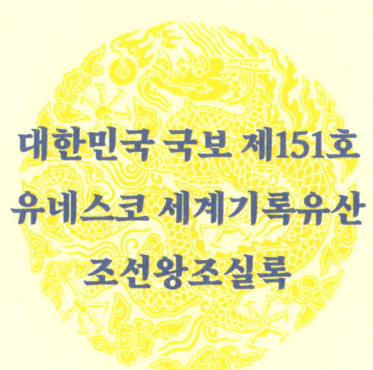

대한민국 국보 제151호
유네스코 세계기록유산
조선왕조실록

진실성과 신빙성을 갖추고
25대 군주, 472년간의 역사를 6,400만 자에 담은
세계에서 가장 장구하고 방대한 세계기록유산.
세계인이 기억해야 할 위대한 유산
《조선왕조실록》의 세계로 초대합니다.

차례

머리말 4
등장인물 소개 10

제1장 만년 야당 남인의 집권

강력한 소년 군주 14
종친과 외척 22
청남과 탁남 29
김석주의 생각 39
안일에 젖은 남인 46

제2장 경신환국과 집권 서인의 분화

어느 날 갑자기 54
허견의 옥사 60
돌아온 서인 66
노론, 소론으로 나뉘다 72
회니시비 82

제3장 당쟁과 궁중 암투

장 희빈의 부상 92
기사환국 100
중전 교체 106
송시열 죽다 114
남인의 마지막 집권 120

제4장 위기의 세자

갑술환국과 인현왕후의 복귀 128
장 희빈 사사 136
노소 갈등의 격화 145
노론의 손을 들어주다 153
세자를 바꿔라? 160

제5장 46년 숙종 시대

세자의 대리청정 172
군강신약을 이루었으되 178
숙종의 정치 185
시대의 풍경 194
울릉도와 안용복 203

작가 후기 216
《숙종실록》연표 218
조선과 세계 226
The Veritable Records of the Joseon Dynasty 228
Summary: The Veritable Records of King Sukjong 229
세계기록유산, 《조선왕조실록》 230
도움을 받은 책들 231

등장인물 소개

숙종
조선 제19대 임금.

세자
뒷날의 경종.

연잉군
뒷날의 영조.

김만기
숙종의 장인.

희빈 장씨　**인현왕후**
　　　　　숙종의
　　　　　첫 번째 계비.

숙빈 최씨

현열대비(명성왕후)
현종 비.

허적의 서자 허견

윤휴　**허적**

김석주

김익훈

송시열

함평 자산서원
정여립의 모반 사건 때 죽은 정개청을 기리기 위해 세운 서원으로, 조선 후기 치열한 당쟁의 역사를 보여주는 상징이다. 광해군 때 처음 세워진 이후 집권 세력의 변동과 맞물려 허물어졌다가 다시 세워지기를 여러 번 반복했다.
전남 함평군 엄다면 소재.

제1장

만년 야당
남인의 집권

강력한 소년 군주

현종의 뒤를 이어 숙종이 열네 살의 어린 나이로 임금의 자리에 올랐다.

이미 세자 시절에 반듯하고 의연한 모습으로 찬탄을 불러일으키곤 했던 소년 군주는

대비의 수렴청정도 없이 곧바로 친정을 시작했다.

말년에 부왕 현종은 예송을 뒤집어 서인 진영이 잘못했다는 판정을 내렸다.

그러나 영의정 김수흥 등의 유배 정도로 그치고

더는 책임을 묻지 않아서 조정은 여전히 서인이 다수파를 차지하고 있었다.

고심 끝에 최대한 스승에게 욕되지 않게 지어 올렸다.

고쳐 올리자

다시 문제 삼는다.

결국 이단하는 다시 이렇게 고쳤지만······.

그들이 공세로 나선 것은 숙종이 즉위하고 4개월이나 지나서였다. 그나마도 참 소심한 공세였다.

서인 측이 반대 상소를 연이어 올렸지만, 왕의 태도는 단호했다.

정녕 강력하기 이를 데 없는 소년 군주였다.

종친과 외척

현열대비(현종의 비 명성왕후)는 종친들을 제어하기로 결심했다.

그런데 송시열을 몰아내고 나니 엉뚱하게도 종친들이 설치는 것이다.

그는 대비의 요청에 따라 곧바로 소를 올렸는데

복창군과 복평군이 궐에 출입하면서 나인들과 정을 통해왔다는 내용이었다.

관련자들이 잡혀왔지만, 모두 혐의를 부인했다.

다음 날, 대신을 비롯해 판의금부사, 대사헌, 대사간 등이 급히 소집되었다.

신하들을 대할 때 임금은 남쪽을 향하는 법이지만, 웬일로 동쪽을 향해 있었고,

방 안에서는 울음소리가 터져 나왔다. 대비였다.

울음을 그친 대비가 입을 열었다. 김우명의 상소에 대한 구체적인 설명이었다.

깊고 깊은 궁중의 일을 대비가 그렇다는데 감히 누가 토를 달랴.

하여 복창군과 복평군은 정배된다.

그러나 삼복과 가까운 쪽에서도 가만히 있지는 않았다.

* 정배(定配): 죄인을 지방에 보내 살게 하는 형벌. =유배
* 친림(親臨): 어느 곳에 몸소 나옴.

제1장 만년 야당 남인의 집권 27

향후 정치 개입을 차단하더니

전하께오서도 궁중의 일 가운데 자전의 생각이 미치지 못하는 곳은 유념하시어 조관(照管)하소서.

몇 달이 지나지 않아 그들의 석방을 청했다.

복창군과 복평군의 죄는 중대한 것이 아니니 자전께 아뢰시어 석방케 하소서.

왕은 윤휴의 말대로 대비에게 아뢰어 승낙을 받았다.

그렇게 하세요.

이 과정은 왕이 어머니와 외척들보다

거참... 내 배 아파 낳은 주상인데...

김석주는 이런 전개가 마음에 들지 않았다.

웃겨.

5촌 당숙들인 종친들과 더 가까운 관계를 유지했음을 보여준다.

그야 외척들은 김씨지만 우린 모두 이씨니까 ㅋ

청남과 탁남

간략히 내용만 소개했지만, 김수항의 소는 (왕과) 남인의 주장들에 대해 강경하면서도 논리적인 정면 비판이었다.

소식을 들은 송시열이 제자를 위해 이런 시를 지었을 만큼 서인들에겐 통쾌한 상소였지요.

기둥 하나 정정하게
홀로 서 있으니
미친 물결 성나게 부딪혀도
기울지 않네.
누가서 동쪽 노나라의 사문이
죽었다 하랴.
천추에 길이 길이
힘입으리라.

송 시열

소를 받았을 때 왕은 마침 수령들의 하직 인사를 받고 있던 중이었다.

이게 뭐야?

승지! 내가 부르는 대로 비답을 받아 쓰라.

예, 예, 전하!

··· 내 듣되 대신의 책무는 당을 보호하는 데 있지 않고 나라를 위해 성심을 다하는 데 있다고 한다 ···
이제 경의 차자를 보니 놀랍고 분할 뿐이다.
아! 효종께서 송시열을 대우하기를 ··· 촉나라 소열이 공명에게, 당 태종이 위징에게 대하듯 했는데 ···
윤서를 폄강하고 예제를 괴란하였다. 마땅히 일죄(一罪)로 논단해야 할 것이로되 차율을 적용한 것이다.

＊윤서(倫序): 정해진 차례. 늑순서(順序)
＊폄강(貶降): 지위나 벼슬을 떨어뜨림.
＊일죄(一罪): 가장 무거운 죄로, 사형에 해당되는 죄. 늑일률(一律)

(대비에 대한 것, 복창군 형제에 대한 것 반박하고)
복창군 정과 복평군 연이 범한 것은 단지 몸가짐을 삼가지 못한 데 지나지 않지만 송시열의 죄는 일죄를 범한 것이다.
그런데도 경은 도리어 송시열은 신구하려 하고 나의 골육지친은 불측한 곳에 빠뜨리려 했다.

대신이 하는 짓이 이러고서야 어찌 재앙을 부른 데 한 도움이 되었다 하지 않겠는가? 나는 장차 나라가 망할까 통탄한다.

흥분하여 폭포수처럼 쏟아내는 말들을 승지와 사관은 따라잡지 못해 쩔쩔맸다.

사관은 이날 왕의 구술이 마치 외운 글을 말하듯 했다고 쓰고 있다.

논리에서도 노성한 대신에게 별로 밀리지 않아.

서인은 빠르게 배제되어 갔다.

김수항 유배!

서인이 떠난 자리를 메우다 보니 어느새 남인은 조정의 다수파로, 집권당으로 자리 잡았다.

우리 힘으로 얻은 게 아니고 주상 전하의 선택으로 얻은 권력이지만

감개가 무량하당 우리가 집권당이라니!

살다 보니 이런 날도 오는구나.

그런데 이때의 남인은 상당히 이질적인 두 그룹의 연합체였다.

윤휴, 허목으로 대표되는 이들이 한 그룹을 이루었다.

"우리는 송시열에 맞서 예송논쟁을 벌인 당사자들. 송시열의 예론이 그른 것으로 판명난 오늘,"

"우리야말로 새 시대를 이끌 적임이 아니겠나?"

오정창, 오정위, 조사기, 이수경, 남천한 등이 여기에 속했는데, 이들은 스스로를 청남이라 불렀다.

"왜 청남이냐고?"
"깨끗해서 淸!"
"주장이 선명해서 淸!"

"그럼 저 양반들은 탁남이라고 불러야겠군."
"서인 정권 아래서 누릴 거 다 누린 사람들이잖아. 탁해."
"주장도 흐릿하지. 매우 탁해."

청남은 상대적으로 송시열 등 서인에 대해 강경한 처벌을 주장했다.

"송시열에게 죽음을!! 淸南"

그런데 이때 허목은 이미 여든을 넘긴 나이어서

윤휴가 사실상 청남의 단독 리더로 활약했다. 그는 삼복의 외숙인 오정창을 매개로 해서 삼복과 손을 잡았다.

유현이란 명성에 걸맞지 않은 처신이라 하겠다.

꼭 하고 싶은 게 있어. 그러려면 힘이 필요해.

자칭 청남으로부터 탁남이라고 불리게 된 또 한 그룹은 허적, 권대운, 민희, 민암, 목내선, 이우정, 유명천 등의 세력이다.

예송논쟁에서 한 발을 뺀 채

당연히 장자복!

기년복!

서인 정권 아래서 벼슬을 하며 살아남은 이들이 중심이었다.

그들의 영수는 허적.

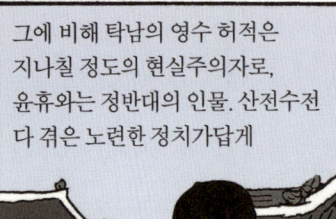
그에 비해 탁남의 영수 허적은 지나칠 정도의 현실주의자로, 윤휴와는 정반대의 인물. 산전수전 다 겪은 노련한 정치가답게

윤휴를 대함에도 남달랐다. 거칠게 밀어붙이는가 하면

"혼자만 옳다는 게 그대의 병통이오. 아시겠소?"

슬쩍 거드는 모습도 종종 보였다.

"좀 과격하긴 하나 나라를 위한 충절은 역시 윤휴이옵니다."

"그의 수레를 한번 만들어 보심이…"

"우리나라 지형에 무용지물이란 말이오"

언뜻 보면 청남의 영수는 윤휴, 탁남의 영수는 권대운, 허적은 마치 그 중간에 있는 중재자로 무당파처럼 보였다.

그런 치우치지 않는 처신 때문에 소년 숙종은 허적의 의견을 깊이 신뢰했다.

김석주의 생각

허적만큼이나 치우치지 않은 듯이 보이는 인물이 김석주다.

현종을 도와 예송을 뒤집는 데 일조했다지만, 사실 중립적인 브리핑을 한 정도였다.

이후 송시열 처벌 주장에도 일관되게 반대했다.

아니 되옵니다.

왕은 그런 김석주의 의견을 신뢰했다. 그 때문에 비록 복창군 형제가 풀려나긴 했지만, 정국의 주도권은 '윤휴+3복'이 아니라 '허적+김석주'에게 있었다.

김육의 손자이자 김좌명의 아들로, 당대 최고 명문가의 후예라는 명예와 영민한 두뇌를 물려받았다.

장원급제를했고, 문장도 알아줬던 문사이면서

외모에서 풍기듯 무인으로서의 자질도 뛰어났다.

문무겸비!

게다가 탁월한 정치감각까지 갖췄다.

허적이 그에게 손을 내밀 때는 이런 계산이 작용했을 것이다.

태생은 서인이나 송시열과 원수진 가문 출신, 독자적인 세력이 없는 데다 외척으로 왕이 믿을 수 있는 존재.

이자에게 병권을 맡기면 왕도 안심할 테고 나를 더욱 신뢰하겠지?

허적의 전략은 주효했다.
병권을 양보함으로써 왕의 굳건한 신임을 얻고,
실세 영의정으로 자리 잡았다.

요 수십년 사이 저렇게 힘이 센 영상이 있었나?

없었지. 아마.

그러나 강자와의 연합은 위험을 동반하는 법. 김석주의 힘 또한 커져만 갔다.

니들이 고생이 많다

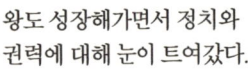
왕도 성장해가면서 정치와 권력에 대해 눈이 트여갔다.

소년기를 사로잡았던 간단한 등식도 허물어졌고

남인= 선
서인= 악?
픽

그동안 가까이 지내온 삼복이 가장 위험한 적으로 바뀔 수 있다는 것도 알게 되었다.

내게 후사가 안 생기거나 생기더라도 어릴 때 내게 무슨 일이라도 있으면 저들이 욕심을 내겠지.

그러나 김석주에 대한 믿음은 커져만 갔으니, 그의 빼어난 처신 덕이었다.

이런 주장이 있었다.

체찰부가 설치된 이상 내외 병사를 막론하고 모두 지휘를 받도록 하는 것이 사체에 합당하옵니다.

그건 그렇지 않사옵니다. 안 그래도 도체찰사의 권한이 무거운데 훈련도감과 어영청까지 소속시키면 어찌 되겠나이까?

아랫사람에게 병권을 너무 무겁게 하시면 아니 되옵니다.

이 장면만 봐도 김석주는 왕의 경계심을 자극함과 동시에

허적에게 힘이 그 이상으로 쏠리는 걸 막고
자신은 충직한 근왕파라는 믿음을 심어주고 있다.

판을 뒤집기 위해서는 정보가 필요했다. 김석주는 정보원을 곳곳에 포진시켰다.

이러저러한 정보가 올라오는데……

김석주는 강직한 인물인 한성 좌윤 남구만에게 정보를 건넸다.

남구만은 지체 없이 상소했다.

제1장 만년 야당 남인의 집권 43

* 격쟁(擊錚): 억울한 일이 있는 사람이 임금이 지나는 길에서 징이나 꽹과리를 쳐서 하소연할 기회를 얻는 일.

왕은 비록 시종일관 허적과 윤휴를
믿는다는 입장을 견지했지만,

오리발을 내미는 등의 그들의 행태에 얼마나
기가 막혔을까?

대신의 집을 사찰하게 한 것은 과연 나의 허물이다.

남구만을 파직하라!

송시열의 독대나 뒷날 있었던 이이명의
독대처럼 화제가 되지는 않았지만,

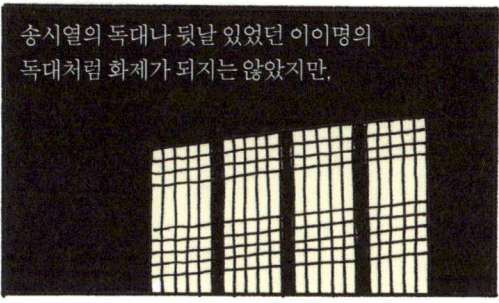

그 신임에
힘입어
김석주는
다음 단계로
들어갔다.

이즈음 김석주는 독대하여 인사 등 은밀한
이야기를 나누었을 정도로 전폭적인 신임을
얻고 있었다.

이럴 때
병권을 낭에게
주시면
아니 되옵니다.

하면, 누가
적합한가?

안일에 젖은 남인

남인에게 첫째 공적은 송시열.

집권하고도 조심스럽게 파직을 청하는 데 그쳤던 남인은 차츰 공세의 강도를 높여갔다.

"송시열을 멀리 유배하소서!"

"송시열을 위리안치하소서!"

그때마다 허락을 얻자 마침내 숙종 3년 유생 이잠이 고묘론을 제기한다.

"예론을 바로잡은 일을 종묘에 고하소서."

왕은 고묘론의 목표가 송시열의 제거에 있음을 모르지 않았다.

"송시열을 안치했는데 고묘까지 하려는 건 지나치지 않느냐?"

"고묘는 누구에게 죄를 더하려는 것이 아니옵니다. 단지 종통을 바로잡은 일을 조종들께 고하려는 것이옵니다."

* 고묘(告廟): 나라나 왕실, 집안에 큰일이 있을 때 그 내용을 종묘나 사당에 아뢰는 일.

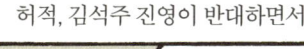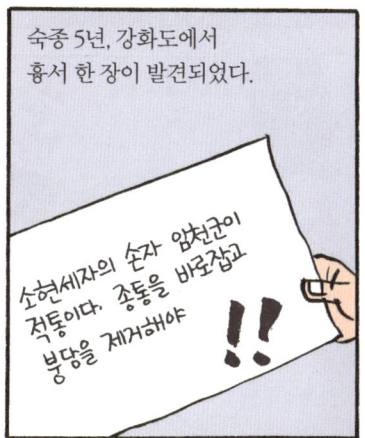

급기야 허적 등 대신들이 신하들을 이끌고 청하기에 이르렀다.

그렇게 송시열 처리 주장이 최고조를 향해 가는 이때, 허목이 뜻밖의 차자를 올린다.

*귀근(貴近): 임금과 가까운 신하.

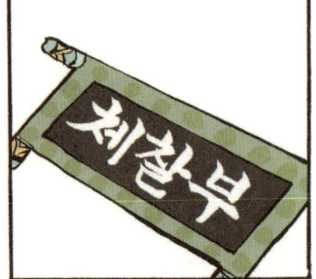

* 대체(大體): 일이나 내용의 기본적인 큰 줄거리.

"하오나 전하! 김석주는 이미 병조 판서로 어영대장까지 겸하고 있사온데 부체찰사까지 더하면 권한이 너무 무겁사옵니다."

"대신이 이미 경의 이름을 거론했는데 직접 나서서 그런 말을 하다니 너무 혐의쩍지 않은가?"

왕은 이렇게 생각했겠지만,

"이자들이 이젠 앞뒤 안 가리고 병권을 거머쥐려 날뛰는구나."

상황 인식과 처신의 달인 허적까지도 염려하는 모습을 보이지 않았다. 아들 문제의 처리나 고묘론에 합류한 데서 보듯

그 역시 어느덧 집권의 타성에 젖어갔던 것이다. 그렇게 남인은 내일도 오늘과 같으리라고만 생각하고 있었는데…….

"하여간 눈치 없긴"

제1장 만년 야당 남인의 집권 51

윤증 고택
조선시대를 통틀어 임금의 얼굴 한 번 보지 않은 채 정승까지 오른 유일한 인물이라는 소론의 영수 윤증의 고택이다.
한옥의 아름다움이 잘 보존된 대표적인 고택으로 통한다. 충남 논산시 노성면 소재.

제2장

경신환국과
집권 서인의
분화

어느 날 갑자기

이른바 유악 남용 사건이다.

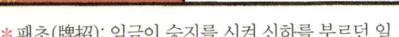

*패초(牌招): 임금이 승지를 시켜 신하를 부르던 일.

대사헌 민암이 사직소를 올리며 까닭을 물었지만,

대답 없이 사표를 수리했다.

새롭게 제수된 서인 대간들이 남인 공격에 나섰다.

이에 대한 왕의 대답은 한결같았다.

그렇게 남인에서 서인으로의 정권 교체가 이루어졌다. 경신환국이다.

보통 경신환국에 대한 설명은 야사에서 말한 앞의 유악 사건에서 출발한다.

유악 사건이 사실이 아니라면 무엇으로 환국을 설명해야 할까?

그렇다.
경신환국은 김석주가 오래도록 치밀하게 준비해온 드라마였다.

김석주의 노련한 공작에 세뇌된 왕은 남인정권을 그대로 두면 위험하겠다는 판단을 내렸고,

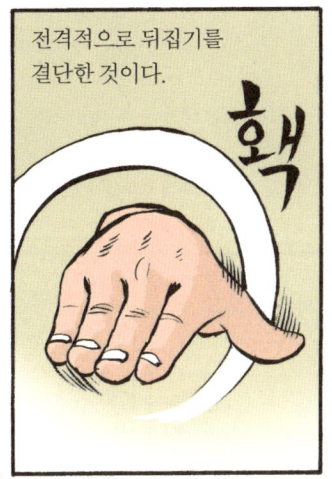
전격적으로 뒤집기를 결단한 것이다.

그리고 그것으로 다가 아니었다.

지금까지는 예고편, 이제부터가 진짜야.

허적은 밖에서는 처신의 달인이었지만,

집안에서는 전혀 아니올시다였다.

본처에게서 자식을 보지 못하고 첩에게서 아들을 얻었는데, 스캔들메이커 허견이다.

오매! 잘난 내 아들

애가 쫌 스캔들을 일으키긴 했지만

총명하고 문장 좋고 용맹하고··· 어딜 내놔도 빠질 것 없는 아이라네.

많은 부모가 자식 사랑에 무원칙하듯이 허적도 그랬다.

그것이 그의 패착이었고 남인의 화근이 되었다.

허견의 옥사

여기에 야심가 정원로가 합세하여 불을 질렀다.

만남이 거듭될수록 위험한 대화가 오갔고

체찰부는 실제로 재설치되었다.

이 문제는 허적과 유혁연에게 책임이 미치는 사안이었으나 둘 다 인정하지 않았다.

역옥은 남인에게 커다란 타격이 되었다.

즉위 초, 누구보다도 왕의 신임을 크게 받았던 복선군은 김석주의 압박과

그 자신의 욕심으로 인해

정말 그래. 주상이 자주 아프고 후사는 없으니 잘하면…

신세를 망쳤다.

말썽꾼 허견은 드디어 말썽 행진에 마침표를 찍었고,

이남은 왕실의 지친으로 효묘와 선왕으로부터 드문 은혜를 입었으니 비록 모역했다 해도 나라의 형벌로 처단할 수는 없다. 특별히 교수형에 처하라.

자식을 잘못 둔 죄로 허적도 사사되었다.

한 시대를 대표하는 남인 이론가 윤휴도 사사되었다.

자성을 조관하라 한 죄, 이남을 위해 체찰부 복설을 주창한 죄, 부체찰사 논의 시 노여움을 드러낸 죄, 이남을 잘 모른다고 거짓말한 죄로…

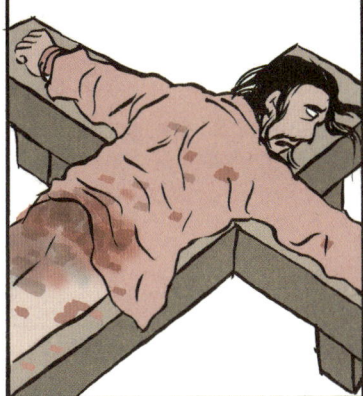
허견 측의 사주에 따라 체찰부의 복설을 청했다는 혐의를 받은 이원정은 형장을 맞다 죽고

남인 병권의 상징이었던 유혁연은 혐의를 끝까지 부인했지만, 결국 사사되었다.

우리 집권 6년 동안 송시열 하나 잡지 못했는데 권력을 잃은 며칠 새 이 무슨 꼴이람?

옥사가 채 마무리되기 전에 공신 책봉이 있었다.

김석주, 김만기, 정원로야 당연한데,

이입신, 남두북, 박빈. 이들은 누구지?

전하께서 직접 공신에 책봉하라고 명하셨다던걸.

호사공신
1등 공신 ; 김석주, 김만기
2등 공신 ; 이입신
3등 공신 ; 남두북, 정원로, 박빈

이입신, 남두북, 박빈은 김석주가 부렸던 정보원들이다.

반면 거짓으로 김석주와 친한 체하며 드나들었던 조정사란 이는

복주되었다.
허견 측 스파이였음을 벌써 알고 있었느니라.
아악

한마디로 허견의 옥사는 김석주와 허견 간의 첩보전쟁이었던 것.

서로가 스파이를 보냈고,

이중 스파이들도 암약했다. 대표적인 이는 바로 정원로.
김석주의 동향을 보니
허견이 말임다

역시 서자 신분인 그는 허견에게 접근해 인생역전을 꿈꿨다.

복병의 설을 지어내 복선군과 허견을 역모의 길로 가도록 부추긴 이도 그다.

김석주의 복병 계획이 성공하면 우린 모두 이겁니다.
대책을 마련하든지 선빵을 날리든지 해야

돌아온 서인

환국의 연출자였던 만큼 김석주의 권세가 단연 으뜸이었지만,

김석주는 개인일 뿐, 남인이 떠난 자리들을 메운 건 서인이었다.

권력에서 밀려난 채 보낸 6년 세월이 얼마나 길었던가.

말도 말어.

인조반정 이래 5O년을 누려온 권력이었는데

상대도 안 된다고 봤던 남인에게 빼앗겼으니 아휴~ 기도 안 차더군.

난 금단증세로 아주 죽는 줄 알았다니까.

비록 자력으로 쟁취한 건 아니지만, 다시 찾은 권력. 서인은 곧바로 잃어버린 6년의 복구에 나섰다.

가장 먼저 할 일은?

그야 우리의 사상적 지주이신 선생님의 복권이지.

암!

*종통(宗統): 맏아들로 이어진 혈통.
*춘궁(春宮): 왕세자가 거처하던 궁전.

남인 정권 때 결정된 정책들도 되돌려졌다.

현종의 묘정에 배향됐던 조경이 출향됐고,

남인들의 요청으로 건립된 정개청의 사당이 허물어졌으며

윤선도의 관작과 추증된 시호도 박탈됐다.

남인들에 의해 편찬된 《현종실록》은 믿을 수 없다고 《현종개수실록》을 새로 편찬하기도 했다.

이런 과정에서 억울하게 사사된 이가 있으니 오시수다.

숙종 1년, 청나라 사신이 조문하러 왔을 때의 일이다.

당시 접반사였던 오시수가 답했다.

"황제가 선왕께서 여러 해 동안 병을 앓는 와중에 강신(強臣)에게 견제받아 일마다 자유로이 못하다가 갑자기 승하했다며 갑절이나 슬퍼하며 두 번 치제를 명했다고 합니다."

제2장 경신환국과 집권 서인의 분화 69

옆에 있던
윤휴가
북벌론자답게
즉각 이렇게
말했던 것처럼

남인 정권이 두 번의 치제와 강신
운운의 발언을 정치적으로 활용해
송시열 공격에 사용하거나 하지는
않았지만,

밀려나 있던 서인들의 생각은 달랐다. 발언 자체가
오시수의 조작이라고 보았다.

집권 서인은 그때의 일을
조사할 것을 청해
승낙을 받았다.

결국 오시수와 그때의 역관들이 붙들려와 조사받았다.

* 우율종사(牛栗從祀): 우계 성혼과 율곡 이이의 신주를 문묘에 모심.

노론, 소론으로 나뉘다

*훈척(勳戚): 나라를 위해 큰 공로를 세운 임금의 친척.

이때 사림에서 유현으로 불리며 중망을 받고 있던 인물이 셋 있었으니 송시열과 박세채, 윤증이었다.

이미 조정에 올라와 있던 박세채가 소를 올려 신진들을 옹호했다.

듣자니 신진들을 죄주었다 하는데 어찌하여 죄 있는 자는 놔두고 죄 없는 이들을 죄주시옵니까?

신진들은 열광했다.

과연 박세채! 명불허전!

박세채는 일약 신진들의 영수로 떠올랐다. 조지겸, 유득일, 오도일, 한태동 등 새로운 흐름을 형성한 이들을 세상은 소론이라 불렀다.

젊어서 少!

명망 있는 중신 남구만과 재야의 윤증도 소론 쪽 입장에 섰다.

반면 김수항, 민유중, 김만기 등 여전히 송시열을 따르는 이들은 노론이라 불렸는데,

적어도 젊은 유자들 사이에서는 소론이 압도적 지지를 받았다.

공론에 밀려 김수항이 주춤하자 김석주가 직접 소론 공격에 나섰다.

근래 조정의 논의가 크게 어긋나고 있는데 조지겸, 오도일이 그 우두머리이옵니다. 이들을 파직하거나 멀리 외방으로 보임시키소서!

그리 하겠소.

지금 당장 처분하심이 마땅하옵니다.

오도일을 김화로…

김화는 너무 가깝습니다. 영동의 아홉 고을 중에서 골라 내보내시옵소서.

그… 그래요. 평해군으로 내보내도록 합시다

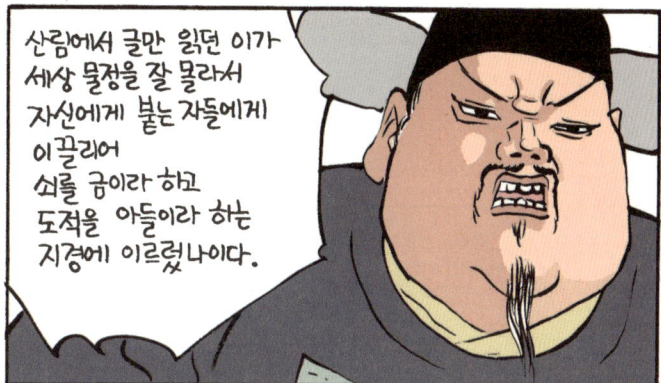

임금도 두려워할 정도의 막강한 권세를 한 몸에 지닌 김석주.

그 무엇도 막을 수 없을 것처럼 보였던 그의 권세는

회니시비

회니시비란 회덕(懷德)에 살았던 송시열과 이성(尼城)에 살았던 윤증 간의 논쟁을 일컫는 말이다.

당대 유현으로 불렸던 또 한 사람 윤증은 계속된 부름에 과천까지 올라와 지인의 집에 머물고 있었다.

소식을 들은 박세채가 과천으로 달려갔다.

"어서 오시게."
"반갑소."

둘은 사흘 동안 세상에 대해 많은 이야기를 나누었다.

그는 윤휴와도 각별했고, 그의 학문을 높이 샀다.

윤휴가 주자 해석 태도를 놓고 송시열의 공격을 받았을 때도 윤선거는 윤휴와의 관계를 끊지 않았다.

예론이 붉어지면서 송시열과 윤휴가 극단적으로 대립하게 되자

윤선거도 어쩔 수 없이 윤휴와의 절교를 공언했다.

그러나 마음으로까지 끊지는 못했고

그 점이 송시열은 불만이었다.

윤선거의 아들 윤증은 아비의 뜻에 따라 송시열에게서 배웠다.

총명한 윤증은 단연 두각을 나타냈고, 문하 모두가 이렇게 생각했다.
"선생님의 후계자가 될 이는 단연 윤증이지."
"당근! 웅웅"

그런데 윤선거가 죽어 윤증이 스승에게 아비의 묘갈명*을 부탁하면서 일은 시작되었다.

윤휴에 대한 윤선거의 불분명한 태도가 못마땅했던 송시열은 성의 없이 써주었다.
"박세채가 (행장에) 잘 썼으니 나는 다만 그의 말을 옮길 뿐 새로 짓지 않노라…"
"스승님!"

스승의 각박한 처사에 화가 났지만, 몇 번을 찾아가 고쳐줄 것을 청했다. 그러나 별 소득이 없었다.

그러던 차에 아비가 강화도에서 취한 처신을 비난하는 말들이 송시열 주변에서 나오게 된다.
"죽기로 했으면 죽었어야지. 구차하게 목숨을 부지하고 말야."

＊묘갈명(墓碣銘): 무덤 앞에 세우는 둥그스름한 비석에 새긴 글.

분노한 송시열의 답장이 윤증에게 전해지고,

윤증의 답장도 즉각 뒤따랐다.

몇 차례에 걸친 치열한 편지 논쟁은

송시열이 의를 좇아 절교한다는 편지를 보내면서 마무리되었다.

絶交!

형식에 있어서는 최고의 예의를 갖추면서도 내용에 있어 날선 비방과 냉혹한 공격으로 가득한 이 편지들은 숙종 10년 8월 21일자에 실려 있습니다.

이 이야기가 공개된 것은 숙종 10년, 사옹원 직장 최신이 윤증이 스승 송시열을 비방했다고 상소하면서였다.

이런 일들이?

이에 윤증을 지지하는 이들의 반박 상소와 송시열 지지자들의 재반박 상소가 번갈아 이어지면서 정국의 주요 이슈가 되었다.

송시열! 윤증! 宋! 尹

숙종
├─ 인경왕후 ······ 2녀 (일찍 죽음)
├─ 인현왕후
├─ 희빈 장씨 ······ 2남 (경종 외엔 일찍 죽음)
├─ 인원왕후
├─ 영빈 김씨
├─ 숙빈 최씨 ······ 3남 (영조 외엔 일찍 죽음)
├─ 명빈 박씨 ······ 1남 (연령군)
├─ 소의 유씨
└─ 귀인 김씨

희빈 장씨 묘
경기도 고양시 서오릉 구석에 초라한 모습으로 자리하고 있다. 서오릉에는 숙종과 계비들인 인현왕후, 인원왕후가 묻힌 명릉과 숙종의 첫 번째 비인 인경왕후가 묻힌 익릉이 웅장하게 자리하고 있어 그녀의 처지가 더욱 도드라져 보인다.

제3장

당쟁과 궁중 암투

장 희빈의 부상

김만기의 딸인 인경왕후는 숙종 6년에 세상을 떴다.

이어 숙종 7년에 새로 후비를 들이니 노론의 핵심 인사인 민유중의 딸 인현왕후이다.

환국 전에 인경왕후께서 승하하셨다면 남인 왕비가 들어설 뻔했잖아

그러게. 큰일 날 뻔 했잖아.

그런데 인경왕후가 죽고 인현왕후가 들어오기까지의 6개월 사이에 왕의 마음을 사로잡은 여인이 있었으니 뒤에 장 희빈으로 불리게 된 여인 장씨다.

그러자 현열대비(명성왕후)가 그녀를 궐 밖으로 내쫓았다.

요망한 것! 내 눈 앞에서 썩 사라지거라.

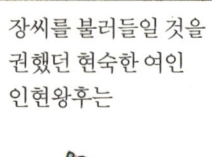

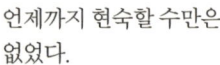

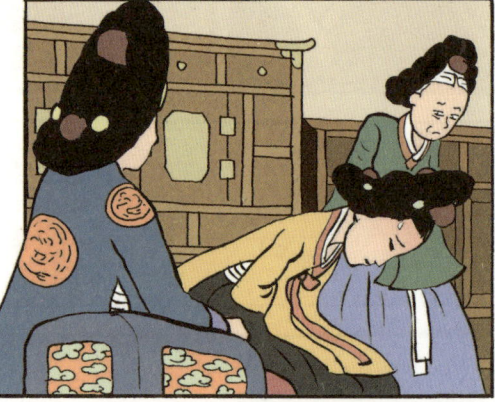

그녀는 명목상 왕실의 큰 어른이지만 의지할 데 없는 외로운 여인 자의대비의 마음을 얻었다.

시원하세용?

오냐, 호호

바깥에 있을 때 그녀를 돌봐준 숭선군(인조의 후궁 조씨의 아들, 제13권 32쪽 참조)과 그의 아들 동평군 이항도 그녀의 측근.

저희는 마마 편입니다.

오라비인 장희재와 그의 첩 숙정은 남인 잔여 세력과의 연대를 구축했다.

어차피 서인은 노·소 모두 중전 민씨를 지키려고 할 거예요.

맞습니다. 마마. 믿을 곳은 남인뿐입니다.

집권 서인은 긴장했고, 부교리 이징명이 소를 올렸다.

바깥에 전하는 말을 듣자니 역관 장현의 근족이 은총을 입고 있다고 하옵니다.

이정, 이남에게 붙었던 장현의 근족을 좌우에 두시면 앞으로의 걱정이 말할 수 없이 클 것이니 장씨를 내쫓으소서.

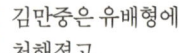

장씨에게 몰입한 왕의 마음을 돌리기 위해

왕자 생산을 위해서라도

중전은 직접 후궁 간택을 청하기도 했다.

이리하여 김수항 집안의 여인을 후궁으로 들였지만, 그녀 역시 왕의 관심을 끌지 못했다.

달링! 어딨나?

숙종 14년 10월, 장씨가 왕자를 낳는다.(뒷날의 경종)

아기다리 고기다리 던!

으아

나이 스물여덟에 처음으로 얻은 아들이다.

뒤를 이을 왕자가 없어서 그동안 얼마나 마음고생이 컸던가?

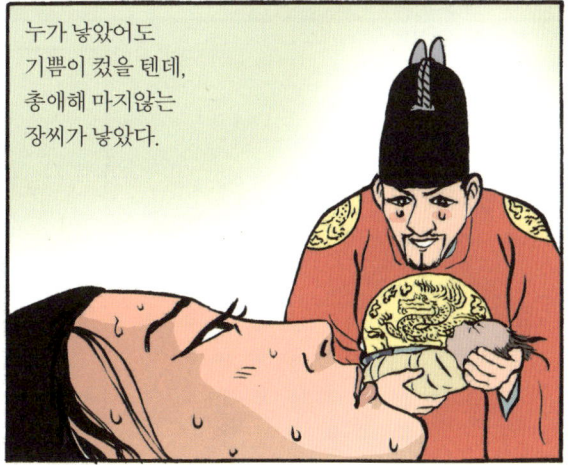
누가 낳았어도 기쁨이 컸을 텐데, 총애해 마지않는 장씨가 낳았다.

기사환국

팔순의 나이에도 굽힐 줄 모르는 파이터 기질의 송시열이 소를 올려 반대했다.

옛날 송나라 신종은 28세에 철종을 낳았는데 그 어미는 흠금 주씨였습니다.
··· 철종은 열 살인데도 번왕의 지위에 있다가 신종이 병이 든 다음에야 비로소 태자로 삼았으니,

이같이 한 것은 제왕의 거조가 항시 여유 있게 천천히 함을 귀하게 여기기 때문이옵니다.

명호가 이미 정해졌으니 임금과 신하의 분의를 논하는 것은 부당하거늘
봉조하 송시열은 송의 철종을 예로 들면서 오늘의 일을 너무 이르다고 했다.

그러나 명 황제는 낳은 지 넉 달 만에야 봉호한 일이 있다.
송시열이 이같이 말한 데는 필시 그 뜻의 소재가 있으리라.

* 분의(分義): 신분이나 처지에 맞는 도리.
* 봉호(封號): 임금이 지위를 정하고 내려준 이름.

그것은 시작이었다.

이어 권대운, 목내선, 김덕원을 삼정승에 앉히는 것을 시작으로 남인을 대거 기용했다.

* 혹란(惑亂): 미혹되어 어지러움.

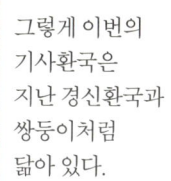

중전 교체

돌아온 남인의 핵심 표적은 송시열과 김수항.

저들의 죄는 잴 대로 재서 김안로나 정인홍보다 더 심하옵니다.

먼저 김수항이 사사되었다. 송시열이 가장 중히 여겼다는 그의 이때 나이는 61세. 죽기 전, 자식들에게 다음과 같은 유언을 남겼다.

내가 본디 덕이 없는 몸으로 은덕을 후하게 입었고 지위를 탐내 분수에 넘쳤다가 스스로 재앙을 불렀다.
……
나의 자손들은 나를 경계 삼아 항상 겸퇴(謙退)의 뜻을 간직해 가정에 있을 때는 힘써 공손함과 겸손함을 실천하고
벼슬을 할 때는 현관과 요직을 멀리 피해 몸을 보되게 하고 가정을 보호해준다면 매우 다행이겠다.

송시열에 대해서는 줄곧 이렇게 답하던 왕이

송시열의 죄악은 차고도 넘칠 지경이나 이미 절도에 안치했으니 됐다.

어느 날 느닷없이 이런 말을 꺼낸다.

경들에게 발본색원할 뜻이 있으니 나도 들은 것이 있다.

*현관(顯官): 높은 벼슬.

한밤중에 인정전 앞에 국청이 설치되었다.

전하께오선 어찌하여 이런 망국적인 일을 하시옵니까? 그동안 신이 임금의 덕을 보도하지 못해 이런 잘못이 있게 되었으니 이는 과연 신의 죄이옵니다.

가혹한 고문 아래서 오두인도 의연함을 잃지 않았다.

이 뒤로도 이런 일이 있으면 역률로 다스릴 것이니 그리 알라. 다만 오두인과 박태보는 오늘의 명이 있기 전이니 역률을 적용할 수 없다. 둘을 유배하라!

그러나 극심한 고문 후유증으로 박태보도

오두인도 유배지로 가는 길에 숨을 거두었다.

박태보를 친국하며 보여준 히스테리는 감정을 억제하지 못한 데서 나온 행동이지만

상소를 가지고 국청을 열어 난리를 피운 것은 의도된 행동이었다.

이 정도 해두었으니 더는 폐비를 반대하지 못하겠지?!

＊보도(輔導): 도와서 올바른 데로 이끌어감.

송시열 죽다

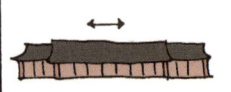
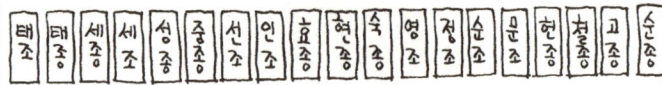

남인이 원하는 것은 다름 아닌 송시열의 목숨.

"현종조 내내 우릴 핍박했고,"

"경신환국으로 복귀해서는 열 배의 정치 보복을 자행했지."

"악의 축! 아니 악의 원점!"

더 왈가왈부할 것도 없었다.

"송시열의 죄상이 흉역하오나 나이가 80이 넘었으므로 국문할 필요가 없나이다. 성상께서 참작해 처리하심이 옳은 줄 아옵니다."

"이 대목을 복수심에 불탄 남인들이 조사 절차도 없이 죽여버린 것으로 보는 건 지나친 듯. 죽음은 이미 합의된 것이었고 국문할 필요가 없다 한 것은 말 그대로 나이와 명망 등을 고려한 최소한의 배려가 아닐는지요."

"대신의 말이 이와 같으니 사사하되 금부도사가 만나는 곳에서 즉시 죽게 하라."

제3장 당쟁과 궁중 암투 117

그렇게 한 시대의 거목이 스러졌다.

마지막 순간까지도 총명을 잃지 않고 주자와 효종이라는 대의명분을 높이 든 채.

그는 죽어서도 노론의 구심으로 남았다.
《숙종실록》사관들의 인물평은
송시열과의 관계를 언제나
최우선의 잣대로 삼고 있어서
재미있다.

가령 이런 식이다.

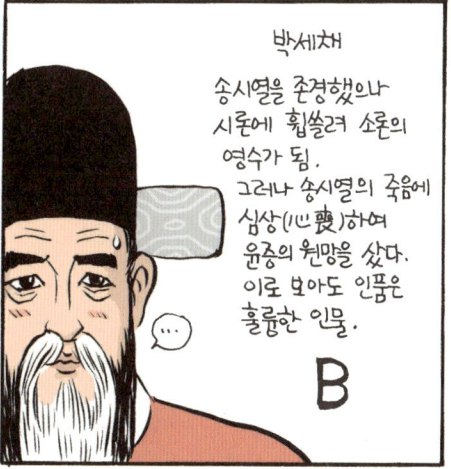

＊심상(心喪): 상복은 입지 않으나 상제가 된 심정으로 근신하는 것.

제3장 당쟁과 궁중 암투 119

남인의 마지막 집권

사실 이때의 남인은 집권 세력다운 면모가 부족해 보인다.

윤휴 같은 명망 있는 이론가도

허적처럼 중량감 있는 대신도 더는 없다.

새로운 실력자로 떠오른 중전의 오라비 장희재와 좋은 관계를 맺고

왕의 뜻에 순종하는 것이 다였다.
또 다른 환국에 대한 두려움 때문이었다.

지당하신 분부시옵니다.

새로운 일을 벌이려고도 하지 않았고

복지부동이 최선!

괜히 일을 벌여 꼬투리를 만들면 곤란해.

앞선 집권 때처럼 청남, 탁남으로 나뉘어 다투지도 않았다.

또 다른 환국의 빌미가 될 수 있어.

별일 없이 산다아

중전 장씨는 경계했고

설마 저게 나처럼...?

남인들도 긴장했다.

안 그래도 요즘 중전마마를 대하시는 게 전만 못하다는 소문이 돌던데...

한편 밀려난 서인 진영에서는 일군의 무리가 무언가를 준비하고 있었다.

비밀 자금을 모으고 궁가와 연결해 궁중의 소식을 수집하고 있었던 것.

그런데 워낙 의욕이 앞선 아마추어들인지라 그만 집권 남인에게 그 움직임이 포착되고 만다.

찰칵

이런 천재일우의 기회가 찾아오다니!

＊궁가(宮家): 왕자, 공주, 후궁 등 임금의 집안.

며칠 뒤 새벽녘, 유학 김인 등 세 사람이 전혀 다른 고변을 한다.

"장희재가 김해성을 매수해 그의 처모(최 숙원의 숙모)로 하여금 최 숙원을 독살하려 했나이다."

"훈국 별장 성호빈 등이 반역을 꾀하고 있는데 민암, 오시복 등도 연결된 형상이 있다고 들었사옵니다."

이미 함이완의 고변에 따른 옥사는 제법 모양을 갖춰가고 있었다.

"한중혁이 말하길, 서인이 조정을 담당하고 폐비가 복위되면 중궁전은 절로 폐위될 것이라고 했습니다."

"한구, 임대가 말하길 곧 국운이 끝나거니와 해도에 정진인이란 자가 있는데 장차 육지로 나올 것이니 군장과 병기를 갖춰야 한다며 은화를 내라고 했습니다."

"은화는 함이완, 이진명, 심수 등이 냈고 상변하여 우상과 병판, 호판을 제거하려 했습니다."

정반대되는 두 고변이 어떤 결과로 이어질지 조정 안팎은 초긴장 상태가 되어 왕이 있는 대전만 바라보고 있었는데…….

"비망기를 내리겠다. 받아 쓰라."

＊상변(上變): 반역 행위를 고발함. =고변(告變)

제3장 당쟁과 궁중 암투 125

북한산성
일찍이 백제가 고구려의 남진을 막기 위해 쌓았다. 숙종은 제2의 임진왜란이나 병자호란이 있을 것을 우려해 험준한 산세가 천연의 요새 역할을 해주리라 보고 이 성을 쌓게 했다. 사진은 북한산성의 중성문이다.

제4장

위기의
세자

갑술환국과 인현왕후의 복귀

* 진신(搢紳): 모든 벼슬아치.

기사환국의 본질이 남인으로의 권력 교체보다 희빈으로의 중전 교체였듯이

갑술환국의 본질은 희빈의 강등과 폐비의 복위에 있었다.

처음에는 이와 무관한 듯 다음과 같은 명을 내렸지만

"세자를 흔드는 자, 폐비를 신구하는 자는 역률로 논할 것이다."

불과 며칠 뒤 입장을 바꾸기 시작한다.

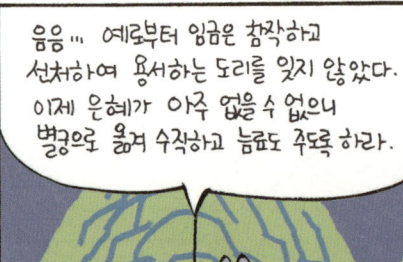

"음음… 예로부터 임금은 참작하고 선처하여 용서하는 도리를 잊지 않았다. 이제 은혜가 아주 없을 수 없으니 별궁으로 옮겨 수직하고 늠료도 주도록 하라."

"흠"

다시 사흘 뒤.

"전비가 별궁에 들어가 살게 된 것은 슬프고 뉘우치는 뜻이 간절했기 때문이다. 신구하는 자는 역률로 다스린다는 전일의 분부를 거두노라."

별궁으로 옮기는 날에는 직접 편지를 썼다.

"처음에 권간에게 조롱당해 잘못 처분하였으나 곧 깨달아서 억울한 정상을 깊이 알았다."

＊수직(守直): 건물이나 물건 등을 지킴.

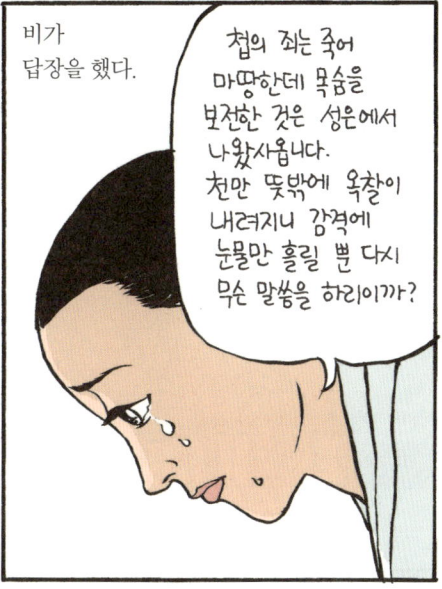

또다시 사랑의 편지가 오갔다.

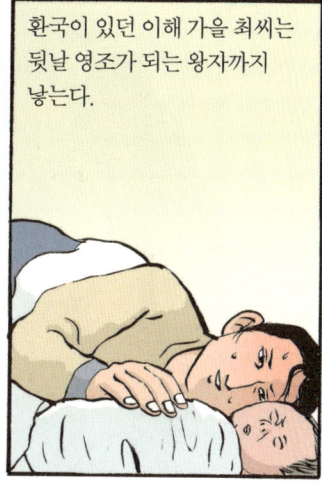

장 희빈 사사

장희재는 비록 제주에 유배된 상태였지만

그의 첩 숙정이 있었다. 그녀는 마치 그 옛날의 정난정처럼 겁 없는 여인.

일가와 남인 잔당을 직접 불러 모아 대책을 논의하곤 했다.

그 가운데 한 명인 이홍발은 갑술환국 때 죽은 이의징의 아들.

그는 종들을 시켜 희빈의 아비 비석을 훼손하고

제가 한 번 일을 꾸며 보겠습니다.

저주의 뜻으로 나무 인형, 나무 칼 등을 무덤에 묻어놓게 했다.

그런 다음 장희재 집안의 종 업동으로 하여 이를 발견케 하고 고발토록 했다.

이런 게 묻혀 있었습니다.

제4장 위기의 세자 137

＊복주(伏誅): 형벌을 받아 순순히 죽음. 또는 그렇게 죽게 함.

* 비복(婢僕): 계집종과 사내종.

그렇게 희빈 장씨는 사약을 받았다. 조용히 때를 기다렸으면 세자의 모후였기에 원하는 바를 얻었겠지만, 조급함과 울분이 화를 불렀다.

장희재의 첩 숙정과 관련된 무녀, 궁녀, 종들도 모두 죽음을 맞았다.

장희재의 본처는 남편으로부터 본처 대접을 받지 못했다.

아니, 거의 원수 취급을 받았고, 첩 숙정이 본처인 양 행세했다.

흉악한 것, 귀신은 뭐하나? 저런 거 안 잡아가고.

그러나 그녀는 똑똑한 여인. 장희재의 본처라서 살아남기 어렵다고 생각한 그녀는 그동안 자신이 보고 들은 것을 죄다 털어놓기로 한다.

장희재! 나의 복수를 받아라!

제4장 위기의 세자

특히 희빈 장씨가 원자를 낳자 동평군 이항이 이런 주장을 글로 써서

"세자의 모후를 중전으로 삼는 게 당연합니다."

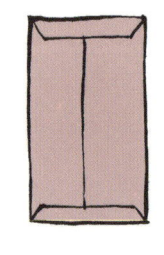
장희재와 숙정을 통해 희빈에게 전한 일,

근래 이의징의 아들, 김덕원의 손자 등 남인들이 숙정의 집에 모여 모의하곤 했던 일,

묘비 훼손 자작극의 전말, 중전 승하 뒤 남인 오시복이 궁중의 동태를 알아봐 달라고 청했던 일 등……

이항, 장희재가 부인하자 구체적인 정황을 생생히 들이대며 반박할 수 없도록 했다.

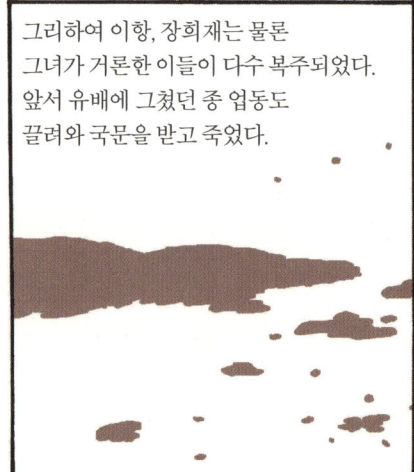
그리하여 이항, 장희재는 물론 그녀가 거론한 이들이 다수 복주되었다. 앞서 유배에 그쳤던 종 업동도 끌려와 국문을 받고 죽었다.

그녀 또한 죽음을 맞이하는데

그녀의 몸뚱어리는 분해돼 버리고 말았으니, 피해자 가족과 노비들이 달려들어 난도질했기 때문이다.

노소 갈등의 격화

시간을 조금 거슬러 갑술환국 직후로 돌아가보자.
갑술환국으로 복귀한 노론, 소론의 입장은 확연히 달랐다.

영의정에 제수된 남구만을 비롯해 주도권은 소론이 가졌다.

남인들을 철저히 응징하자!

송시열 선생, 김수항 선생을 죽인 원수들!

에이~ 또 그런다. 복수는 또 다른 복수를 낳는 법! 적당히 하자고.

익숙한 시조의 지은이로
유명한 남구만은

동창이 밝았느냐 노고지리 우지진다.
소 치는 아이는 상기 아니 일었느냐.
재 너머 사래 긴 밭을 언제 갈려 하나니.

애초 송준길의 제자.

벼슬길에 올라서는 지방 관직이든 중앙 관직이든 맡는
곳마다 평판이 자자했다.

남구만 짱!

남구만! 남구만!

서북 인재를 등용해야 한다고 홀로 주장했고, 북방에 대한 식견과 방어책에 있어서도 남달랐던 전문가.

그는 이념만 숭상하는 관념적인 근본주의를 경계하고, 항상 현실주의적 입장을 견지했다.

박세채가 재야와 가까운 소론의 영수라면, 남구만은 현실 정치에 자리한 소론의 수장.

그는 함이완의 고변과 김인의 고변에 대해 이렇게 생각했다.

함이완의 고변엔 나름의 실체가 있는데 김인의 고변엔 그게 없어.

그렇다고 전하께서 결단하시어 환국까지 한 일을 부정할 수도 없고...

그런데도 왕은 남구만과 소론을 중시했다. 이상이 갑술환국 이후의 흐름이었지만,

희빈 장씨가 사사되면서 상황이 달라졌다. 남구만이 궁지에 몰린 것.

남구만이 장희재를 비호한 바람에 오늘의 일이 생겼나이다.

알았다.

남구만, 유상운을 파직하라.

그러나 왕은 여전히 소론을 멀리하지 않았다. 소론 최석정을 영의정에 등용하는 등

희빈 장씨 사후 왕은 노련하게 노·소를 조정하며 고루 등용했다.

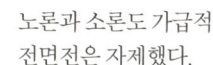
노론과 소론도 가급적 전면전은 자제했다.

이런 우려 때문이었을 것이다.

자칫 밉보였다간 어느 날 갑자기 싹쓸이될 수 있으니…

환국이 무서워요.

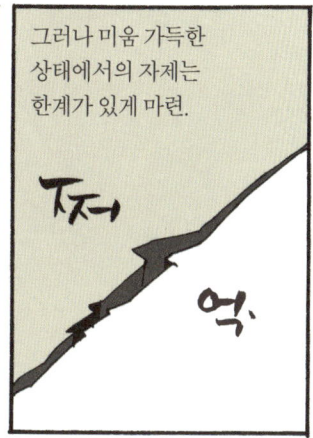
그러나 미움 가득한 상태에서의 자제는 한계가 있게 마련.

쩌어

억.

그런데 이듬해 왕은 자신의 건강상태가 불안한 나머지 돌연 이런 명을 내린다.

그렇게 영의정으로 약방 도제조였던 최석정이 삭탈관직되었다.

노론의 손을 들어주다

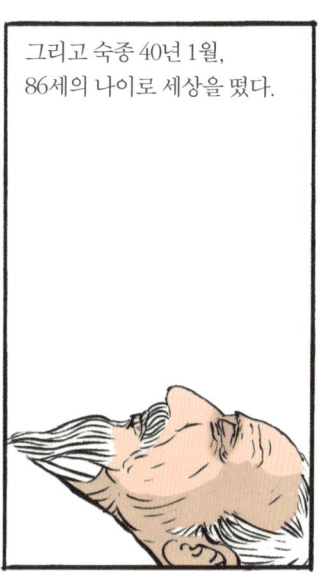

《가례원류》는 '가례'와 관련해 중국과 우리나라 학자들의 글을 모아 편집한 책으로,

아이디어는 유계가 내고, 윤선거가 옆에서 같이 공부하고 토론하며 참여한 책이다.

유계는 윤선거, 송시열, 송준길, 이유태와 함께 김집 문하 5인방의 한 사람으로

효종 때 호포법을 강력히 주장했던 그 사람이다.
(제13권 88쪽 참조)

그가 조정에 나가게 되면서

《가례원류》를 가다듬고 첨삭하는 일은 윤선거와 그의 아들 윤증이 맡아 했다.

논란이 그치지 않자 이렇게 정리하기도 했다.

《가례원류》는 사가의 글이므로 나라에서 간여할 바가 아니다. 이 뒤로 이런 소는 받지 말도록 해라.

그래도 논란은 가라앉지 않았다. 조상건이 상소해 회니시비를 논하며 윤증을 공격하자

윤증은 스승을 배반한 자이옵니다.

왕은 군사부일체라지만, 아비가 스승보다 더 중하다는 입장을 보이며 여전히 윤증 편을 들었다.

묘문에서 제 아비를 욕했는데도 아들 된 자가 맘 편히 받아들일 수 있겠는가?

조상건을 삭출하고 문제를 일으킨 유상기는 유배하라!

그러다 중추부 판사 이여가 윤증, 윤선거와 송시열의 관계 전말에 대해 차분한 논조로 설명하며 윤증을 논박하는 차자를 올리자

경의 글은 그 의리가 매우 명백하니 내 어찌 유의하지 않겠는가?

……라고 답해 잠시 노론에 기대감을 심어주기도 했다.

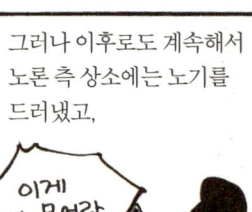

*선정(先正): 이전 시대의 어진 이.

세자를 바꿔라?

희빈에게서 왕자가 태어났을 때 왕은 얼마나 기뻐했던가?

100일도 안 된 아기를 원자로 삼고

세 살에 세자로 책봉한 것은 물론 생모인 희빈 장씨의 애교작전으로 인한 것이었지만, 그만큼 기쁨이 컸던 때문이기도 했다.

그러나 그렇게 사랑받으며 자라던 세자는 열네 살에 어머니가 사약을 먹고 죽는 충격적인 경험을 한다.

그때 세자는 생모가 아닌 인현왕후의 상주로서 빈소를 지켜야 했다.

정치는 아직 잘 모르지만, 눈물조차 함부로 보여서는 안 된다는 것쯤은 생존본능으로 알았으리라.

마음만 먹으면 뭐든지 한순간에 해치워버리는 강력한 부왕.

연잉군, 연령군 두 동생이 태어나 부왕의 사랑을 담뿍 받으며 자란다.

친모와 한편이었던 남인들은 무너졌고,

소론이 틈만 나면 세자 보호를 외치지만, 실권한 상태.

마땅히 의지할 곳 없는 세자였다. 여차하면 세자의 자리는 물론, 생명까지 위태로울 수 있다.

세자 나이 열여덟이 되는 숙종 31년의 일이다.

내 지금 건강상태를 보건대 한가로이 보양하지 않으면 큰 근심이 있게 될 성싶다.

선위의 일을 거행하라!!

이심전심이었다.

노론계 승지, 사관 들이 우물쭈물하는 사이 이이명은 들어가 임금과 독대했다.

이어 희정당에서 행판중추 이유, 영의정 김창집, 좌의정 이이명을 접견했다. 승지와 사관도 동석했다.

"만약이 있었다면 어떤 내용이었을까?"

"대리청정을 맡겨 잘못이 드러나길 기다렸다가 이를 빌미로 교체하려는 게 아닐까?"

영중추 윤지완이 시골에서 급히 올라와 소를 올렸다. 소에서 그는 세자의 자질을 누누이 칭찬하면서도 성급한 대리청정에 반대했다.

↖ 그는 다리 한쪽을 병으로 잃었다 한다.

그리고 왕과 노론 대신들을 향해 직격탄을 날렸다.

"독대에 이르러서는 상하가 모두 잘못됐다는 비판을 면할 수 없을 것이옵니다. 전하께서는 어떻게 재상을 사인(私人)으로 삼으실 수 있나이까?"

"그날 입시했던 대신들은 진실로 이치에 의거해 간쟁함으로써 명을 거두게 해야 했는데도 도리어 결단을 청했으니 신은 애석하게 생각하옵니다."

"끌~ 영부사의 상소는 말을 가려 하지 않은 것이 많다."

울릉도
신라시대 이래 우리 영토였던 이곳을 숙종조에 일본은 죽도라 칭하며 자기네 영토임을 주장하다가 안용복에 의해 좌절되었다. 그런데 지금 그들은 다시 독도를 죽도(다케시마)라 칭하며 넘보고 있다.

제5장

46년
숙종 시대

세자의 대리청정

청정하는 세자는 늘 피곤한 기색이 역력했다.

듣기만 할 뿐 좀처럼 대답하는 일도 없다.

하는 말이라고는 세 가지.

아뢴 대로 하라.

따르지 않겠다.

유의하겠다.

신하들이 여러 차례 이런 문제를 지적했다.

듣기만 하시고 하문하거나 토론하지 않으시니 이 점이 염려스럽사옵니다.

유의하겠소.

지나친 소극성과 침묵은
기질 탓이기도 했지만,
나름의 처세이기도 했다.

세자는 대부분의
사안을 대신들의
의견에 따르면서도

그리
하오.

신하들에 대한 처벌 요구에는 좀처럼 응하지 않았다.

아무개는
뇌물을 받고
백성에게
남형하여
원성이 높으니
파직하소서.

따르지
않겠소.

행여 잘못된 처벌로
문제가 되거나
불만 세력을 키울 수
있다고 여겨서인 듯하다.

이런 식이다 보니 세자의 청정은
기대에 못 미치는 수준이었으나,
이렇다 할 실수 또한 없었다.

딱 한 번 참으로
예기치 못한 모습을
보인 적이 있었다.

이게
아닌데…
시간은
흘러가고…

승지는 속히
물러가라.
조영복은
무엇 때문에
들어오지
않았는가?

* 남형(濫刑): 법에 따르지 않고 멋대로 형벌을 내림.

* 나문(拿問): 죄인을 잡아 심문함.

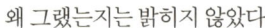
왜 그랬는지는 밝히지 않았다.

소식을 들은 왕이 비망기로 질책하자

"... 이는 진실로 지나친 일이었다 ..."

부수찬 남일명, 사간 이봉익이 연이어 소를 올려 세자를 옹호하고 왕을 비판했다.

설령 중도에 지나친 일이 있었다 해도

살피지 않고 바로 문자에 드러내셨으니 조용히 훈계하는 뜻이 없었나이다. 비망기를 환수하소서.

내가 무슨 !!! 부자의 정리로 그런 말도 못 하느냐?

어느새 왕은 종이호랑이로 전락해 있었다.

그도 그럴 것이 병세가 악화되어 갔던 것.

에휴— 신경질 낼 기운도 없네

털썩

형벌의 일, 병사의 일도 세자가 맡아 하게 하라.

대리청정을 하는 사이 환경 변화도 있었다.
명빈 박씨가 낳은 연령군이 죽어 왕을 슬프게 했고,

연잉군을 낳은 숙빈 최씨도 세상을 떴다.
우리 아들 살아남아야 한다.

세자빈도 죽어서 새로 세자빈을 맞았다.

이래저래 세자의 입지는 한결 탄탄해져갔다.

군강신약을 이루었으되

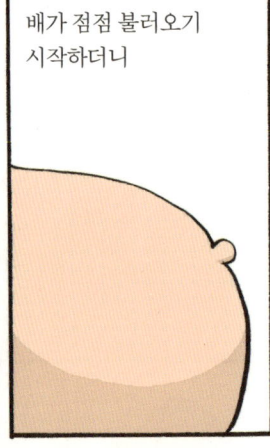

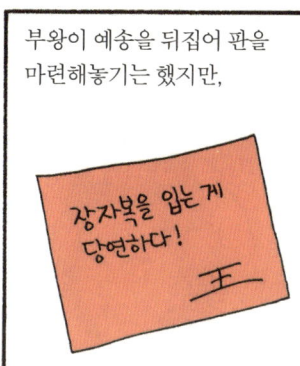
부왕이 예송을 뒤집어 판을 마련해놓기는 했지만,

막강 송시열을 귀양 보내버린 것은 소년 숙종이었다.

보았느냐? 그 누구라도 내가 귀양을 보내면 가야 하고 죽으라 하면 죽어야 하는 거야. 왜? 내가 왕이니까!

그런데 서인 세력을 꺾고 나니 슬슬 남인이 세도를 부린다. 영의정 허적에게서 인사가 나오고

기껏 서자인 그의 아들 허견에게 판서, 대간이 비위를 맞춘다.

게다가 유력 종친들까지 그들과 어울린다는 정보.

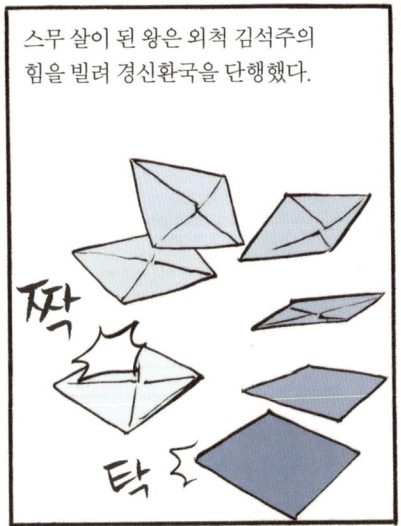

스무 살이 된 왕은 외척 김석주의 힘을 빌려 경신환국을 단행했다.

20대의 왕에게 사랑의 열병이 찾아왔다.

왕으로서 할 수 있는 것이라면 무엇이든 그녀를 위해 해주고 싶다.

헤~

그녀를 중전으로 삼기 위해 기사환국을 단행했다.

그러나 뜨거웠던 사랑은 어느새 식어버렸고

왕은 인현왕후를 복위시키기 위해 갑술환국을 단행했다.

여기서 중요한 사실이 있지. 즉위 초 송시열의 유배나 경신환국은 복선군, 김석주에게 휘둘린 면이 있지만

기사환국과 갑술환국은 철저히 내 뜻대로 해치웠다는 것!

임금의 눈치만 살피는 존재로 스스로를 전락시켰다.

환국의 전후를 들여다보면 숙종의 리더십에 중대 결함이 있음을 알 수 있다.
숙종 19년, 사간 이동표의 상소를 보자.

숙종 22년, 이정직의 소는 또 이렇게 말하고 있다.

두 상소에서 보이듯, 숙종은 도대체가 원칙이 없다. 예우하던 신하를 하루아침에 버리는 냉혹함이야 정치에서 흔한 일이니 그렇다 쳐도, 최소한의 기준은 있어야 할 것 아닌가?

＊ 출척(黜斥): 잘못한 사람을 내쫓음.
＊ 탁용(擢用): 인재를 뽑아서 씀.

숙종의 정치

이 문제 해결에 가장 단호하고 초지일관했던 이는 윤휴다.

그의 호포법 주장에 허적 이하 여러 신하가 갖은 핑계를 대며 반대하자

"새 법을 만들면 원망을 살 것."

"사대부들에게 갑자기 군포를 지우면 소란이 일 것."

"지금은 즉위 초라 때가 아닌 듯."

소를 올려 다음과 같이 주장했는가 하면,

"백골이나 아약(兒弱)의 살가죽을 벗겨내고 골수를 부수는 가혹한 정책에 얼굴을 찡그리고 가슴을 치는 근심, 괴로움과

유식(遊食)하는 선비나 운 좋은 백성처럼 부역을 피하고 스스로 편하게 지내는 자의 원망,

이 둘 중 어느 쪽이 더 크겠습니까?"

"집이 있고 몸이 있는 자가 포를 내는 것과 이미 죽은 자나 어린아이가 군역을 지는 것 중 어느 쪽이 더 낫겠사옵니까?

진실로 어느 쪽이 더 백성의 원망이 되겠사옵니까?"

자꾸 의견을 구할 게 아니라 왕이 독단적으로 결단하여 실행할 것을 여러 차례 주장했다.

＊아약(兒弱): 열네 살에 이르지 않은 아직 덜 자란 어린아이.
＊유식(遊食): 하는 일 없이 놀고먹음.

왕은 아마도 이런 우려를 했을 것이다.

사대부들의 불만을 감수하고서라도 추진하려면 자기희생을 통한 명분이 필요하다.

선조 이래 계속되어온 궁가의 절수(折受)에 따른 폐단은 여전했고

송시열에게 사약을 내리고, 왕비를 폐출하는 데서 보인 왕의 결단력은 정작 필요한 곳에서는 모습을 감추고 말았다.

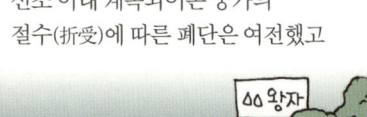

신하들도 여러 번 개혁을 요구했다. 그러나 이 문제에 관한 한 왕은 모르쇠로 일관했다.

*절수(折受): 벼슬아치가 녹봉으로 토지나 토지세를 자기 몫으로 떼어 받음.

왕은 국방에도 많은 힘을 쏟았다.

즉위 초부터 서북지역의 중요한 길목에 성을 쌓고

강화도의 진지를 더욱 요새화했다.

군사훈련에도 주의를 돌렸다.
부왕 현종이 온천행을 군사훈련의 주요 기회로 삼았다면

여느 왕에 비해 능행을 많이 한 숙종은 능행에서 돌아올 때마다 군사들의 훈련 상태를 점검했다.

무장들에게 이런 훈계도 자주 했다.

장수들이 조금만 지위가 높아지면 무예 닦기를 게을리할 뿐만 아니라 부끄러이 여기니 매우 한심한 일이다.

말년에는 북한산성을 쌓도록 했는데
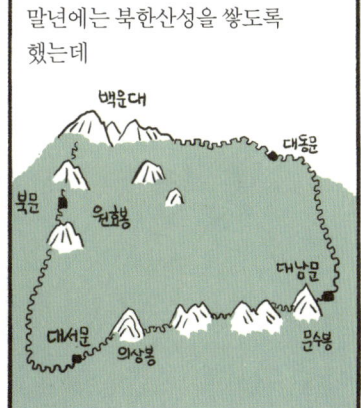

환국 정치를 통해 여러 번 피바람을 일으켰지만, 이 같은 일련의 신원 정치는 사대부들에게 감동을 안겨주었다.

또한 존주대의의 기치를 높이 세워 명 황제 신종의 제사를 주창했고, 이를 위해 대보단을 세운 일도 사대부들을 감동시켰다.

*존주대의(尊周大義): 주나라 또는 주나라를 계승한 명나라를 섬기는 큰 도리.

시대의 풍경

두 번의 전쟁으로 급격히 줄어든 인구도 회복되고, 황무지로 버려둔 땅도 개간되었다.

여기다 농업기술의 발전이 더해져 생산력이 크게 향상되었다.

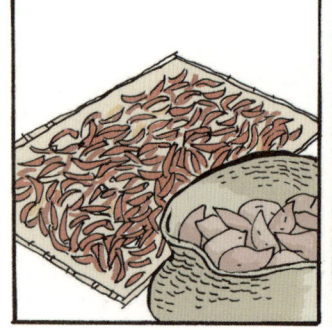

고구마, 감자, 고추 등이 재배되기 시작했고, 인삼, 연초 등 상업 작물의 재배도 늘어났다.

이러한 변화와 맞물려 숙종 때 나타난 가장 큰 변화는 화폐의 유통이다.

태종, 세종 이래 여러 임금이 그 보급을 위해 애를 썼지만, 번번이 실패했던 일이다.

"강제로라도 보급시켜라."

"그…… 그게…… 백성이 다들 싫어해서……"

가까이는 효종 때만 해도 김육의 주도 아래 애를 썼지만, 역시 보급에 실패했다.

그렇다면 이 시기에 와서 전국적 보급을 가능케 한 요인은 무엇일까?

생산력의 증대와 상업 작물의 재배 확대, 그리고 대동법의 정착에 그 해답이 있다 하겠다.

나라에서는 대동미로 거둔 쌀을 공인이라 불리는 상인들에게 주어 필요한 물품을 구해오게 했다.

공인들은 해당 물품을 수공업자에게 주문해 만들게 하여 납품한다.

수공업자는 열심히 일해 주문품을 만들고, 남은 생산물은 시장에 내다 팔 수 있어 좋았다.

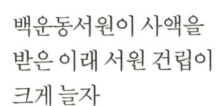

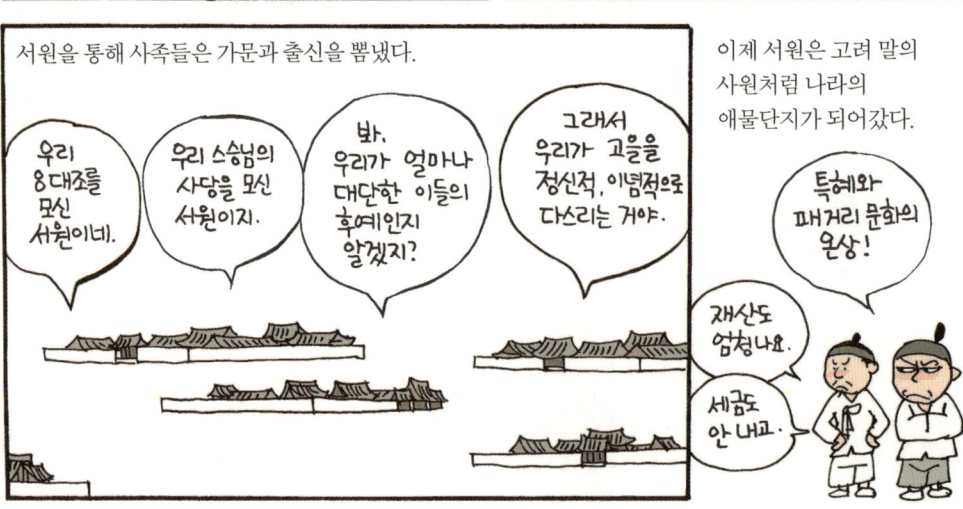

대흉년과 전염병도 백성을 혹독하게 괴롭혔다.

숙종 25년의 기사에는 흉년과 전염병으로 인해 6년 전 조사 때 비해 인구가 141만 명이나 줄었다는 기록이 나온다.

이해에만도 25만여 명이 전염병으로 죽었다는 것으로 보아 터무니없는 과장만은 아닌 듯하다.

에이~ 설마. 이 시기의 인구 조사가 정확하지 못해서 이런 어마어마한 숫자가 나왔겠지.

숙종 때는 유독 호환(虎患)도 많았다.

호환 마마가 진짜로 무서운 시절이었드래요.

숙종 27년의 기록에는 강원도에서만 6~7년 사이에 300여 명이 호환으로 죽었다 한다.

본래 《실록》에는 남편을 물어가는 호랑이에게 덤벼들어 열녀로 정문이 내려진 여인에 대한 기사가 간간이(몇 임금에 한 명꼴로) 나오는데

아보~

＊정문(旌門): 열녀나 효자, 충신을 기리기 위해 그의 집 앞에 세우는 붉은색 문.

울릉도와 안용복

한편 동쪽으로 확장해오는 러시아 세력과 여러 차례 충돌 끝에 네르친스크 조약을 맺어 청·러 국경선을 확정하기도 했는데,

네르친스크

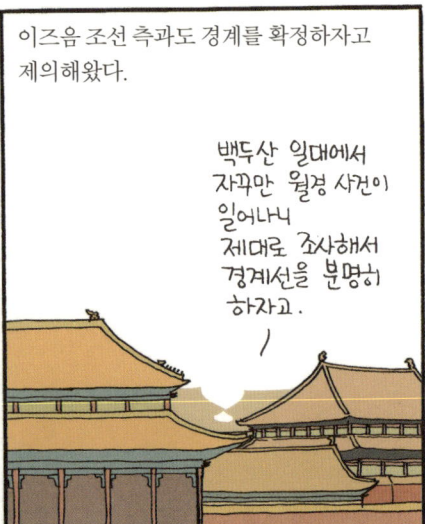
이즈음 조선 측과도 경계를 확정하자고 제의해왔다.

백두산 일대에서 자꾸만 월경 사건이 일어나니 제대로 조사해서 경계선을 분명히 하자고.

이에 대한 조선의 기본입장은 이러했지만,

압록, 두만 이남은 조종 이래 우리의 영토!

한 치도 내줄 수 없다. 그럼!

근심이 매우 컸다.

그치만 저들은 강하고 우리는 약해.

야만스런 저들이 무리한 요구를 해온다면...... 싸울 수도 없고......

그러나 조사차 온 청 관리 목극등은 우려와는 달리 신사적이었다. 조선 측 말이 합리적이면 들어주고

동행한 조선 병사들에게 쌀과 소를 내주어 먹이기도 했다.

조사를 마친 청나라 측은 양국 간의 경계를 확정하는 정계비를 세울 것을 제안하여 백두산정계비가 세워졌다.

다만 그 위치와 비문으로 인해 뒷날 국경 분쟁을 낳게 되죠.

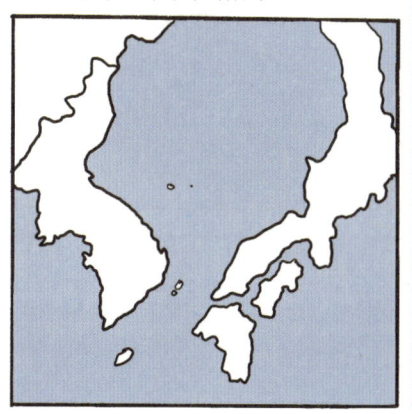
국경과 관련해 황당한 사건은 일본과의 관계에서 나왔다.

숙종 19년(1693) 봄, 울산의 어부 40여 명이 울릉도에 갔다가 일본 어부들과 마주쳤다.

수적으로 우세한 그들은 조선인 어부 안용복과 박어둔을 잡아갔다.

안용복 등은 그해 겨울 대마도를 통해 돌아왔는데

그들을 데리고 온 대마도 측 사신인 귤진중(橘眞重)이란 자의 주장이 황당했다.

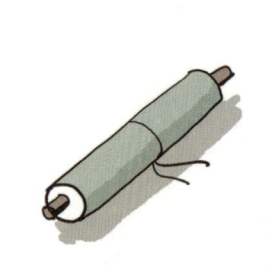

조선은 받아들이지 않고, 대마도와 귤진중은 계속 울릉도 삭제를 요구하며 실랑이하는 사이

갑술환국으로 남인 정권이 무너지고, 남구만을 영의정으로 하는 서인 정권이 들어섰다.

울릉도 삭제? 그렇게는 못하지.

태수로부터 문서를 받았다는 안용복의 말은 아무래도 믿기 어렵지만

대마도가 저렇게 나오는 이유가 막부에다 공을 세우려는 계책이란 그의 진단은 그럴듯해.

남구만은 단호한 대응을 주장했고

삼척 첨사를 보내 형편을 살펴보게 하시고

필요하면 진을 설치해 방어하게 하소서.

대마도 쪽에 더욱 분명하고 강경한 메시지를 보냈다.

(울릉도의 역사성을 설명하고)

이번에 우리 어민들이 이 섬에 갔는데 귀국 사람들이 멋대로 왔다가 도리어 (우리 어민을) 끌고 강호(에도. 안용복의 진술에 따른 말인 듯. 안용복은 백기주를 에도로 착각했다)까지 갔다.

바라건대 동도(東都)에 알려 귀국의 변방 해안 사람들을 거듭 단속해 다시는 울릉도를 오가며 사단을 일으키는 일이 없도록 한다면 다행이겠다.

일이 예상 밖으로 흘러가자 귤진중은 이런 논리로 강하게 항변했다.

귀국의 주장은 82년 전의 사실일 뿐입니다. 그 이후 우리가 점거한 걸 알면서도 문제 삼지 않았고 고기 잡는 줄 알면서도 막지 않았으니 이는 귀국이 그 섬을 버려 다른 이의 소유가 되게 한 것입니다.

안용복은 조정과 대마도 사이의 이런 과정을 예의주시하고 있었던 듯하다.

역사적으로 조선 땅!

그 쪽에서 포기한 땅!

이미 다 정리된 일인데 조그만 섬에 불과한 대마도의 농간이 통하고 있으니⋯ 안 되겠어!

안용복은 자신의 이야기에 관심을 보이는 승려, 어부 들을 규합하고, 필요한 물품을 준비해 다시 울릉도로 향했다.(숙종 22년)

이때도 여러 왜선이 울릉도에 들어와 정박 중이었다.

이놈들이

새벽에 자산도로 가서 솥단지를 걷어차며 일갈하고 내쫓은 안용복은

도주하는 그들을 쫓아 다시 일본으로 들어갔다.

그럴듯한 옷차림에

깃발을 앞세우고

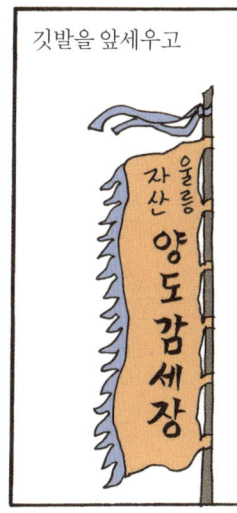

작가 후기

　　김지미, 남정임, 윤여정, 이미숙, 전인화, 정선경, 김혜수.
　　영화나 드라마에서 희빈 장씨를 연기했던 여배우들의 이름이다. 6~7년에 한 번씩 드라마나 영화로 만들어진 덕에 숙종과 희빈 장씨, 인현왕후의 이야기는 우리에게 친숙하다. 이 책에서도 희빈 장씨와 인현왕후의 이야기는 비중 있게 다루었는데, 절정에 해당하는 희빈 장씨 사사 장면 같은 것이 없어서 좀 실망스러울지도 모르겠다. 《실록》에 없는 이야기이니 양해하시길.
　　역사에 관심이 있는 독자라면 희빈 장씨 못지않게 환국을 숙종 시대의 상징으로 떠올릴 것이다. 막장까지 치달은 당쟁을 활용하며 숙종은 환국을 통해 왕권 강화라는 목표를 이루었다. 그러나 무엇을 위한 왕권 강화였는지…….

　　허목, 송시열, 김석주, 김만기, 김만중, 김수항, 윤증, 남구만, 박세채, 권상하, 박세당, 이이명, 김창집, 이여…….
　　조선 후기로 올수록 전해지는 초상화가 많다. 위에 열거한 이들의 캐릭터들은 초상화를 기본으로 하면서 필자의 느낌을 살짝 더해 만들어졌다. 그려놓고 보니 확실히 필자가 생각만으로 만들어낸 캐릭터들보다 현실적이면서도 훨씬 개성 있다. 더구나 김석주, 김만기 같은 이들은 더 만화적이기까지 하니 캐릭터를 만듦에 더욱 신경을 써야겠다는 반성을 하게 된다.

　윤휴(청남, 64세), 허목(청남, 88세), 허적(탁남, 71세), 권대운(탁남, 88세), 송시열(노론, 83세), 김수항(노론, 61세), 권상하(노론, 81세), 윤증(소론, 86세), 박세채(소론, 65세), 남구만(소론, 83세).

　숙종 시기 한 당파의 영수였던 이들의 소속 당파와 세상을 떴을 때의 나이이다. 동시대인들의 수명을 고려한다면 하나같이 장수했다. 더구나 윤휴, 허적, 송시열의 경우는 자연사한 게 아니라 사사되지 않았던가? 치열하고 살벌했던 당쟁의 한복판에서 늘 긴장하며 살았을 텐데 이렇듯 장수했다니! 의학계에서 연구해 봄직한 소재가 아닐까 하는 싱거운 생각마저 든다.

　한 권을 탈고했을 때의 해방감은 언제나 짜릿하다. 그런데 후기를 쓰는 일이 남아 있어 그 해방감은 반감되고 만다. 어쩌다 술술 써지기라도 하면 다행이지만, 글쓰기를 좋아하지 않는 필자로서는 대개 쥐어짜내야 하기에 더욱 그러하다. 역사서의 후기에 장수의 비결 운운하는 글이나 끼워 넣었다고 타박해도 도리 없다.

《숙종실록》 연표

1674 숙종 즉위년
8.23 인정전에서 즉위하다.
8.24 현종의 시호, 묘호, 능호를 정하다.
9. 2 송시열이 능지를 찬술하라는 명을 사양했으나 받아들이지 않다.
9.25 진주 유생 곽세건이 상소해 송시열은 효종의 죄인이자 선왕의 죄인이라며 송시열에게 지문을 짓게 해서는 안 된다고 하다.
10. 7 송시열 대신 김석주에게 능지를 짓게 하다.
11.30 이단하가 행장을 수정하다.
12. 1 윤휴가 복수설치의 상소를 밀봉해 올리다.
12.18 이단하가 상소해서 송시열을 옹호하고 행장을 고친 것을 후회하자 파직하다.
12.26 장령 남천한 등이 송시열의 삭탈관직과 문외출송을 청하자 받아들이다.

1675 숙종 1년
1.12 양사에서 송시열의 귀양을 청하니 따르다.
1.13 김석주가 송시열에 대한 처벌을 완화해달라고 청했으나 받아들이지 않다.
1.18 허적의 건의에 따라 김만기를 총융사에 임명하다.
1.23 윤휴의 여러 주장에 대해 허적, 김석주 등이 반대하다.
2.18 김수항을 좌의정, 권대운을 우의정으로 삼다.
2.26 허적과 윤휴가 나라의 기강과 관련해 논쟁하다.
3. 3 원접사 오시수를 만나다. 이 자리에서 오시수가 '청나라 사신이 선왕에게 두 번 치제하는 이유는 선왕이 강한 신하의 견제를 받았기 때문'이라 했다고 아뢰다.
3.12 허적과 오정위가 청대하자 왕이 복창군, 복평군 형제가 궁녀와 사통했다는 김우명의 차자를 보이다. 이에 허적이 의금부에서 나문할 것을 청하다.
3.13 복창군, 복평군 형제가 승복하지 않자 남의 말을 듣고 골육지친을 헤아릴 수 없는 처지에 빠지게 했다고 자책하며 방면하라 명하다.
3.14 왕대비가 야대청에 들어와 통곡하며 김우명을 구제하는 말을 하다.
3.15 복창군 형제와 궁녀 김상업, 귀례를 귀양 보내다.
3.17 왕대비가 친림하시려면 먼저 조정에 분부를 내렸어야 한다며 전일 왕대비의 행동에 윤휴가 문제를 제기하다.
윤 5.12 장령 조사기가 송시열을 극형으로 다스릴 것을 청하다.
6. 4 사관이 청남과 탁남에 대한 설명을 기록하다.
7. 9 허목과 윤휴가 복창군 형제의 석방을 청하다.
7.12 중추부 판사 김수항이 상소해 세태를 논하다. 이에 감동해 송시열이 시를 짓다.
7.15 대사간 김휘 등이 상소해 김수항의 파직을 청하자 중도부처하다.
9.16 복창군 형제의 서용을 명하다.
10.27 한성부에서 전국의 호수는 123만 4,512호이고, 인구는 470만 3,505명이라고 보고하다.(통계에 문제가 있는 듯함)
12.15 허적을 5도 체찰사에 제수하다.
12.28 윤휴가 주장하는 오가작통법, 지패법, 축성, 병거 등에 대해 논의하다.

1676 숙종 2년
3. 4 팔도에서 1만 8,251명이 무과를 통과하다.
4. 1 각 도에 암행어사를 파견하다.
4.25 대흥산성 축성이 끝나다.
5.20 김석주가 주장 때 훈련도감과 어영청은 체찰부에 소속시켜선 안 된다고 아뢰다.
11. 1 소현세자의 유복자 행세를 한 요승 처경을 처주하다.

1677 숙종 3년
1. 7 서울은 3월부터, 지방은 5월부터 호패를 차게 하다.
5.25 유생 이잠이 예론을 바로잡은 일을 종묘에 고하라고 청하지 않는다고 대간을 비판하다.
5.28 체찰부를 혁파하다.
12. 5 윤휴가 소를 올려 호포법을 결단해 시행하라고 청하다.

1678 숙종 4년
1.23 상평통보를 만들어 사용케 하다.
5.22 어린아이와 죽은 이에 대해 징포하는 폐단을 없애야 한다고 하다.
6.20 가뭄의 원인은 종묘에 고하지 않은 데 있다고 조사기가 상소하다.

1679 숙종 5년
2.10 남구만이 청풍부원군의 첩이 허견에게 맞은 일, 대사헌 윤휴가 금송을 베어 집을 지은 일을 고하다.
2.30 허견이 서억만의 아내 차옥을 유인, 납치한 일에 대해 남구만이 상소하다.
3. 4 특진관 오정창이 유신의 집을 적간하고 대신의 집을 사찰했으니 예우가 식었다는 탄식이 나온다고 하자 반성의 뜻을 보이다.
3.12 병조 판서 김석주가 강화도 흉서의 격문을 아뢰다.
3.19 허견이 남의 아내를 빼앗은 일에 대해 허적이 부인한다. 남구만을 원방유배하다.
5.12 역모의 투서는 송시열을 위해 의리를 다하려는 이에게서 나왔다며 대사간 최문식이 송시열의 안율을 주장하다.

5.25 허적과 권대운 등이 여러 신하를 이끌고 해가 기울도록 송시열의 안율을 주장하다.
11. 3 대신과 비변사의 여러 신하를 인견한 자리에서 부체찰사를 누구로 할 것인지를 논의하다. 후보로 거론된 윤휴가 다른 후보인 김석주에 대해 불가하다고 하자 왕이 노하다.

1680 숙종 6년

3.19 허적에게 궤장과 1등의 음악을 내려주라고 명하다.
3.28 공조 판서 유혁연, 광성부원군 김만기, 포도청 대장 신여철을 불러 유혁연을 해임하고 김만기는 훈련도감 대장에, 신여철은 총융사에 제수하면서 당일로 병부를 받아 공무를 집행하라고 명하다.
3.29 김수항을 용서하고 파당적 인사를 이유로 이조 판서 이원정을 관작삭탈, 문외출송하다.
3.30 좌의정 민희, 우의정 오시수가 체직을 청하자 바로 허락하다.
4. 2 장령 심유가 윤휴의 극변귀양, 민암의 삭탈관직, 민종도의 원방유배를 청하니 따르다.
4. 3 김수항을 영의정으로, 정지화를 좌의정으로, 여성제를 예조 판서로, 남구만을 도승지로 삼고, 기타 삼사를 대거 교체하다.
4. 5 정원로와 강만철이 상변하여 허견과 복선군 이남이 역모를 꾀했다고 아뢰다.
4.12 복선군 이남을 교형에 처하고 허견은 군기시 앞에서 능지처사하다.
4.26 복창군 이정은 사사하고 복평군 이연은 원방유배 위리안치하다.
5. 5 허적을 사사하다.
5.16 이입신, 남두북, 박빈을 녹훈에 참여시키라고 명하다.
5.18 김만기, 김석주, 이입신, 정원로 등이 공신에 책봉되다.

5.20 윤휴를 사사하다.
8.10 이원성이 상변해 정원로가 오정창과도 역모를 꾀했으나 숨겨 오정창이 죄를 면했다고 주장하다.
8.30 회맹제를 열다.
윤 8. 4 오정창이 복주되다.
윤 8.10 정원로가 복주되다.
윤 8.21 이원정이 자복하지 않고 곤장을 맞아 죽다.
9. 5 유혁연을 사사하다.
10.12 송시열이 올라오자 만나보다.
10.26 송시열에게 최상의 표현으로 유시하고 반성의 뜻을 보이다. 인경왕후가 승하하다.
12.23 왕대비가 언문으로 송시열에게 하교하자 떠나려던 송시열이 황공해 돌아오다.

1681 숙종 7년

2.22 인경왕후를 익릉에 장사 지내다.
3.26 삼간택을 하여 민유중의 딸을 계비로 택하다.
5.14 왕이 혼례를 치르다.
6.12 오시수를 사사하다.
9.19 성균관 유생들이 소를 올려 우율종사를 청하자 긍정적으로 답변하다.
12. 7 공정대왕의 묘호를 정종이라 추가하고 시호를 올리다.
12.15 병조 참판 이사명이 호포 실시에 관한 혁신적인 주장을 펴다.

1682 숙종 8년

1. 2 영의정 김수항이 호포법에 찬성하며 서로에 시범 실시를 청하다.
2. 6 호포 시행을 논의하여 절목을 먼저 세우되, 풍년을 기다려 서울부터 시범 실시하기로 하다.
4.27 문외출송 중인 허목이 88세로 졸하다.

5.18 김석주를 우의정에 제수하다.
5.20 이이, 성혼과 송나라의 유자 등 5현을 문묘에 종사하다.
10.21 김환, 이회, 한수만이 상변해 허새 등이 역모를 꾀한다고 아뢰다.
10.27 김익훈이 아방에 와서 전익대의 일로 밀계하다.
11. 2 김환, 이회를 가자하고 전익대는 무고죄로 유배하다.
11.10 승지 조지겸이 김중하, 전익대의 치죄와 김익훈의 추고를 청하다.

1683 숙종 9년

1.19 대로(송시열)가 올라온다며 수찰을 내려 박세채를 부르자 올라오겠다고 답하다.
1.25 문외출송한 민암, 유명현, 오시복 등을 석방하다.
2.13 김익훈을 파직하다.
2.21 송시열이 효종을 높여 불천지묘로 삼을 것을 청하다.
3. 4 김덕원이 인조대왕도 불천지묘로 삼아야 한다고 청하다.
3. 5 송시열이 치사하니 봉조하로 삼다.
4.19 태조의 시호 추상과 관련해 송시열과 박세채가 대립하다.
5. 5 윤증이 과천에 머물자 박세채가 찾아가 3일 동안 머물다. 이때 윤증이 출사를 위한 세 가지 조건을 제시하다.
6. 8 박세채가 돌아가다.
윤 6.26 김석주가 청대한 자리에서 비판자들(박태유, 조지겸, 오도일 등)을 공격하며 바로 처분하도록 무례하게 압박하다.
12. 5 현열대비(명성왕후)가 저승전에서 훙서하다.

《숙종실록》연표 219

1684 숙종 10년

1.12 남구만을 우의정으로 삼다.
3.27 사헌부 집의 한태동이 상소해 김익훈을 공격하자 한태동의 관작을 삭탈하고 문외출송하다.
4.29 사옹원 직장 최신이 상소해 윤증이 송시열을 비방했다고 하다.
8.21 송시열과 윤증 사이에 오갔던 편지들을 기록하다.
9.20 김석주가 졸하다.

1685 숙종 11년

2. 4 유학 이진안이 상소하여 윤증이 어떤 이에게 보낸 편지에서 부친을 옹호하기 위해 이이를 비방했다고 하다.
7. 3 남구만 홀로 서북인의 등용을 주장하다.
8.11 김수항을 영의정에 제수하다.

1686 숙종 12년

3.28 김창국의 딸을 후궁으로 들이다.
7. 6 부교리 이징명이 재변의 원인으로 외척, 여인을 거론하며 장현의 근족을 거론하자 대노해 소문의 출처를 캐려 하다.
11. 5 김씨를 귀인으로 삼다.
12.10 장씨를 숙원으로 삼다.
12.14 왕속이 사대부와 결탁해 군주를 모함한다고 통탄하다.

1687 숙종 13년

5. 1 조사석을 우의정에 제수하다.
7.25 남구만을 영의정에, 이숙을 우의정에 제수하다.
9.11 조사석이 숙원 장씨 쪽에 연줄을 댄 것이 아닌가 하는 의혹이 있다고 김만중이 경연 자리에서 말하자 왕이 대노하여 잡아다 문초케 하다.
9.12 김만중을 귀양 보내다.

1688 숙종 14년

1.20 조사석을 좌의정에 제수하다.
3. 9 이상진, 최석정, 유득일 등이 윤증을 옹호하다.
7.13 박세채가 인견해 동평군 이항에 대한 특별한 대우를 거둘 것을 청하다.
7.14 박세채를 다시는 유현으로 대우하지 않을 것이라 하다. 영의정 남구만이 동평군을 혜민서 제조에서 체직할 것을 청하며 박세채를 변호하자 격노해 김수흥을 영의정에 제수하다.
8.26 대왕대비(장렬왕후)가 창경궁에서 승하하다.
10.27 소의 장씨가 왕자를 낳다.(경종)
11.12 소의 장씨의 어미가 입궐할 때 덮개 있는 8인교를 타고 오자 사헌부 관리가 그 종을 잡아 다스리니, 왕이 노하여 사헌부 금리와 조례를 체포해 엄하게 형신케 하다.
11.16 형신 끝에 죽고 만 사헌부 금리와 조례에게 휼전을 거행하라 명하다.

1689 숙종 15년

1.10 위협적인 분위기를 조성하고 왕자의 명호를 정하겠다고 선언하다.
1.11 원자로 명호를 정하라 명하다.
1.15 소의 장씨를 희빈에 봉하다.
2. 1 송시열이 원자로 명호를 정한 데 대해 반대상소를 올리자 왕이 격노해 삭탈관직과 문외출송을 명하고 송시열을 구원하는 자는 용서하지 않겠다고 선언하다.
2. 2 송시열의 토벌을 청하지 않았다며 대간들을 대거 체직하다.
2. 3 송시열을 멀리 유배케 하고 훈련도감 대장 신여철을 체직하다.
2. 5 이사명을 위리안치하다.
2.10 권대운을 영의정으로, 민종도를 대사헌으로 삼다.

3. 3 민희, 윤휴, 유혁연을 복직시키고 제사를 내려주다.
3.11 김익훈 등을 추국하다.
3.18 이이, 성혼을 문묘에서 출향하다.
3.27 유명천 등이 김석주의 관작을 추탈하라고 청하다.
윤 3.28 김수항을 사사하다.
4.13 남구만을 관작삭탈하고 문외출송하다.(4.18 중도부처)
4.23 중전을 폐출하겠다고 하여 신하들이 만류하다.
4.25 인정전에 형구를 설치케 하여 중전 폐출에 강력히 반대한 오두인, 박태보를 친국하다.
5. 2 중전 민씨를 폐서인하여 사가로 내보내다.
5. 3 중추부 영사 이상진이 폐출을 비판하는 차자를 올리자 극변에 위리안치하고 이후로 같은 일을 제기하는 자는 역률로 논하겠다고 선포하다.
5. 4 박태보가 졸하다.
5. 7 오두인이 졸하다.
5.13 희빈 장씨를 왕비로 삼고 종묘사직에 고하다.
6. 3 송시열을 사사하다.
7.18 허적의 관작을 회복하고 박태보, 오두인의 관작도 회복하다.

1690 숙종 16년

4.13 영의정 권대운, 좌의정 목내선이 동궁의 위호를 일찍 정하기를 청하다.
6.16 왕세자를 봉하다.
9.16 중전 장씨가 새로 아들을 낳았으나 열흘 만에 죽다.
10. 2 윤증이 이이와 성혼의 출향을 강력하게 비판하자 삭탈관직하다.
10.12 김수흥이 유배지에서 졸하다.

1691 숙종 17년

3.14 모화관에서 열무하고 무장들이 지위가 높아지면 활쏘기를 부끄러이 여기는 경향이 있다고 비판하다.

9. 2 김포 장릉에 전알하고 돌아오다가 노량진 건너의 사육신 무덤에 제사하게 하고 복관하다.

1692 숙종 18년

2.27 전날 광릉에 나아가 전알하고 돌아오는 길에 사하리에 이르러 열무하다.

3. 6 장희재를 총융사에 제수하다.

6.25 민정중이 적소에서 졸하다.

12.13 도둑 괴수 장길산을 놓친 양덕 현감을 죄주다.

1693 숙종 19년

4.26 최씨를 숙원으로 삼다.

6. 2 사간 이동표가 상소해 환국 전후의 돌변하는 태도와 주살이 빈번한 데 대해 강력히 지적하다.

8.28 송도의 후릉, 제릉에 전알하기 위해 떠나 며칠 동안 밖에 머무르다.

1694 숙종 20년

1.17 왕세자가 공부할 《소학》, 《천자문》에 직접 서문을 짓다.

2.23 울릉도가 자기네 영토라는 대마도 측의 엉뚱한 주장에 대한 예조의 답변.

3. 9 왕세자의 서연이 시작되다.

3.23 한중혁과 김춘택 등이 비용을 모아 역모를 꾀한다고 민암과 함이완이 고변하다.

3.29 유학 김인, 서리 박귀근 등이 장희재가 숙원 최씨를 독살하려 했고, 윤희 등이 역모를 꾀하고 있는데 민암, 오시복 등도 연결돼 있다고 고변하다.

4. 1 민암과 의금부 당상을 비롯한 친국 대신들을 모두 관작삭탈하고 문외출송하라 명한다. 전조의 주의 없이 특지로 남구만을 영의정에, 신여철을 훈련대장에, 서문중을 병조 판서에 앉히는 등 조정을 대거 교체하다.

4. 3 김익훈과 김석주를 복관하다.

4. 6 송시열을 복관하고 제사를 내려주라고 명하다.

4. 9 비망기를 내려 민비를 별궁에 옮기도록 하다.

4.12 민비가 경복당으로 옮기다. 예조에게 길일을 가려 복위의 예를 행할 것과 귀인 김씨의 작호를 회복할 것을 명하다. 반면 장씨는 왕후 새수를 거두고 옛 작호를 내려주되 왕세자의 문안은 그대로 행하게 하다.

4.17 남구만이 중전의 복위는 기쁘나 희빈을 낮추는 일은 신하로서 곤란함이 있다고 아뢰다.

4.25 기사년 폐출 때 죽음으로 막지 않은 영의정 권대운 등을 위리안치, 극변귀양으로 다스리다.

5.20 남구만이 장희재의 죄는 분명하나 왕세자를 생각해 살려줄 것을 청하자 사형을 감면해 절도에 위리안치하다.

5.22 이이와 성혼의 복향을 건의하자 허락하다.

윤 5. 2 장희재를 신문하면 희빈이 불안하게 되고, 그러면 왕세자도 편하지 않게 된다며 남구만이 장희재의 국문에 반대하다.

윤 5.11 송시열의 아들이 송시열이 올리려 했다가 못 올린 상소문과 효종의 어찰, 명성왕후의 언문 편지를 올리다.

윤 5.22 장희재의 목숨을 유지해주겠다고 보장하고, 언찰에 대해 물은 후 위리안치하다.

윤 5.30 군기시 부정 송기태가 송시열이 독대했을 때의 설화를 정리해 바치다.

6.23 이이와 성혼을 다시 문묘에 종사하다.

7. 4 남구만이 청대해 민암과 이의징, 이현일이 역모했다는 주장을 믿기 곤란하다는 것과 강만태, 이시회, 한중혁 등이 중전의 복위를 꾀했다는 것으로 매듭짓는 것은 문제라는 의견을 밝히다.

7. 8 민암이 끝까지 자복하지 않았지만 사사하다.

7.19 수상(남구만)에게 실언했다고 깨우치시고, 장희재는 대간의 논계대로 처리할 것을 박세채가 청하다.

9.20 숙의 최씨가 왕자를 낳다.(영조)

1695 숙종 21년

1.23 이의징을 사사하다.

2. 5 박세채가 졸하다.

6. 8 숙의 최씨를 귀인으로 삼다.

7.27 중전의 영정을 그리게 했다가 여러 신하가 반대하자 중지하다.

10.19 영의정 남구만이 한중혁의 주륙을 청하니 따르다.

12.13 승지 윤덕준이 서원을 거듭 설치하는 폐단을 아뢰니 이후 금하도록 하다.

1696 숙종 22년

2.28 이정직이 상소해서 주벌이 갑자기 변하는 문제를 지적하고, 편당과 관련해 차라리 한편을 쓰는 것이 낫다는 생각이 도리어 파란을 돕고 원한을 키운다는 뜻을 밝히다.

4. 8 심호의 딸을 왕세자빈으로 삼다.

4.29 생원 강오장이 왕세자의 외조부 비에 훼손이 있다고 고하다. 장희재의 종인 업동이 묘에서 호패와 목인, 목도들을 발견했다고 진술하다.

6. 1 업동이 무덤에 변고가 있으리란 걸 사전에 말했다고 박일봉이 진술하다.

6. 2 다들 업동의 국문을 주장했으나
남구만과 유상운 등이 반대하여 국문하지
않다.
7.24 삼사의 청에 따라 업동을 국문하니
이의징의 아들인 이홍발이 주도해 비석을
훼손하고 목인과 목도를 묻고, 또 파내도록
했다고 진술하다. 이에 관련자 7명을
능지처사하다.
7.29 업동을 유삼천리에 처하다.
8.11 유상운을 영의정으로, 윤지선을
좌의정으로, 서문중을 우의정으로 삼다.
8.29 강원도 관찰사가 안용복 등이
울릉도에 가서 일본국 백기주로 들어가
서로 송사한 뒤에 돌아왔다며
잡아 가두고 보고하다.
9.25 비변사에서 안용복을 추문하니
안용복이 일본으로 들어가 담판하여
울릉도가 조선의 땅임을 확인받은 전말을
밝히다.
9.27 신하들 대부분이 나라의 대표인 양
행세한 안용복을 죄주지 않을 수 없다는
의견을 내다.
10.13 안용복으로 인해 울릉도 문제가
해결되었을 뿐만 아니라 대마도가 조선과
일본 사이에서 부려온 농간을 알게 됐다는
인식의 변화가 생기다.

1697 숙종 23년

3.27 안용복의 죄를 감해 정배하다.
4. 6 경기도 광주 백성 수백 명이 대궐 아래서
농성하고 수어사 이세화의 집에 가 난동하다.
5. 2 장죄(뇌물죄) 엄단을 다시 밝히다.
12.11 강계 부사 신건이 조신들에게
선물했다는 이야기가 떠들썩해 조사하다.
12.17 신건의 뇌물 사건을 대수롭지 않은
걸로 치부하고 무마하다.

1698 숙종 24년

9.30 전 현감 신규가 상소해 노산군의 왕호
추복을 청하다.
11. 6 의논을 거쳐 노산군의 시호, 묘호,
능호를 올리다.(단종, 장릉)
12.28 8도에서 역병으로 사망한 이가 2만
명을 넘다.

1699 숙종 25년

1.11 성 밖 시체들을 묻어주게 하다.
2. 4 권대운, 정유악, 업동 등을 방면하고
유명천, 목내선, 이현일 등을 방귀전리하다.
3.13 궁방들의 백성 침학 사례가 있으나
왕이 한결같이 감싸주다.
10.23 귀인 최씨를 숙빈으로 삼다.
10.24 권대운이 졸하다.
11.16 호구 장적이 완성되다. 8도 합해 129만
3,083호, 577만 2,300명으로 6년 전에 비해
(숙종 21년 이후의 기근과 역병으로 인해)
25만 3,391호, 141만 6,274명이 줄어들다.
12.24 왕자 이금을 연잉군으로 삼다.
12.30 전염병이 창궐해 이 해에만 각도
사망자가 25만 700명에 이르다.

1700 숙종 26년

1. 3 사헌부가 문과 복시 때의 시관들을
탄핵하다.
1.16 서문중을 영의정에, 이세백을 좌의정에,
민진장을 우의정에 임명하다.
1.20 정순억, 이도징, 김시홍이 과거 부정을
실토하다.
3.16 민정중의 아들 우의정 민진장이 졸하다.
4.29 8도 관찰사와 양도 유수에게 개인적인
분으로 인해 함부로 형장을 쓰는 자를
보고하라고 명하다.

1701 숙종 27년

5.13 의금부에 친림해서 과거에서
부정행위를 저지른 죄인들을 신문하고
판결하다.
6.12 김장생의 종사 문제를 논의했으나
대부분의 대신이 신중론을 펴다.
6.19 최석정을 영의정에 제수하다.
8.14 인현왕후가 창경궁의 경춘전에서
승하하다.
8.27 행부사직 이봉징이 희빈 장씨의 복제를
다른 후궁과 차이를 둬야 한다고 청하다.
9. 3 장령 정유점이 이봉징의 관작삭탈을
청하자 이봉징을 유배하다.
9.23 그간의 희빈 장씨의 행태를 말하고
장희재를 먼저 처형하라 하교하다.
9.25 장씨에게 자진을 명하고 내수사에 갇힌
죄인들을 의금부로 잡아오게 해
친국하겠다고 하다.
10. 1 최석정이 거듭 희빈을 용서해 동궁을
편안케 할 것을 청하며 끝까지 파헤치지 말
것을 주장하니 중도부처하다.
10. 3 인현왕후에게 저주를 행한 장희재의 첩
숙정을 비롯해 관련한 시녀들을 처형하다.
10. 7 이후로는 후궁이 후비의 자리에 오르지
못하게 하라고 명하다.
10.10 장씨가 이미 자진했으니 예조로
하여금 상장의 제수를 참작해 거행하도록
명하다.
10.16 장희재의 처인 자근아기가 그동안
있었던 일들을 거론하며 이항, 장희재를
비롯해 여러 사람을 끌어들이다.
10.29 장희재를 군기시 앞길에서 복주하다.
11. 6 이항을 사사하다. 당초 장희재를
용서해 오늘에 이르게 한 죄로 남구만과
유상운을 파직하다.
12.23 6~7년 사이 강원도 한 도에서
호랑이에게 물려 죽은 이가 300명에

이르다.

1702 숙종 28년
1.24 서문중을 영의정에 제수하다.
5.18 서울 근교에 송충이가 성해 방민을 뽑아 3일 동안 잡게 하니 3,972석이나 되다.
9. 3 삼간택을 행해 순안 현령 김주신의 딸을 후비로 정하다.

1703 숙종 29년
1.10 호포와 군문 축소에 대해 논의하다. 대부분 호포는 경솔히 시행할 수 없다는 의견을 보이고 군문 축소에는 동의하다.
2. 8 금위영 혁파에 대해 논의했는데, 신중론이 우세해 보류하다.
2.11 최석정을 영의정에 제수하다.
3. 5 북한산성의 축성에 대해 논의하다.
4.17 관학 유생 홍계적 등 180명이 상소해 박세당이 주자의 저술을 멋대로 수정하고 이경석의 비문을 지으며 송시열을 무욕했다고 배척하자 박세당을 삭탈관직, 문외출송하고 비문과 책자는 불 속에 넣으라고 명하다.
5.21 현령 이하성이 조부 이경석을 변론하고 송시열을 비판하다.
8. 6 신완을 영의정에, 이여를 좌의정에, 김구를 우의정에 제수하다.
10.12 과거 부정 관련자들이 대거 절도에 유배되는 등 과옥이 드디어 마무리되다.

1704 숙종 30년
1. 5 해마다 3포를 받는 수군의 신포를 1포 줄여 2포씩 받도록 하다.
1.10 대신과 비변사의 여러 신하를 만나 명나라 황제 신종의 사당 건립을 의논하다.
2.21 연잉군이 진사 서종제의 딸과 결혼하다.
3.14 춘당대에 제단을 마련해 숭정황제를 제사 지내다.
5. 2 남구만과 유상운을 풀어주라고 명하다.
8. 5 박세의의 《사변록》이 걱정할 만한 글이 아니라는 의견에 따라 소각 명령을 취하다.
11.29 《노산군일기》를 《단종실록》이라고 개서하다.
12.21 대보단을 준공하다.

1705 숙종 31년
2.12, 2.14, 2.17 왕세자가 존호를 올릴 것을 허락해달라고 청하다. 종친과 백관도 연일 청하다.
3. 9 대보단에 나아가 명나라 신종에게 제사하다.
4.13 체출되었던 최석정을 다시 영의정에 제수하다.
10.29 병을 이유로 선위하겠다는 뜻을 밝히다.
11. 2 왕세자와 백관의 반대로 선위를 철회하다.

1706 숙종 32년
1.24 최석정을 영의정에 제수하다.
2. 3 서종태를 좌의정에, 김창집을 우의정에 제수하다.
5.29 충청 유생 임부 등이 상소해 신사년(숙종 27)에 윤순명의 공초에 동궁 모해란 말이 나왔는데 그때의 국청에서 이를 삭제했다고 주장한다. 관련자들이 처음에는 부인하다가 결국은 거의 인정하다.
8.22 임부가 진신들에게 화를 떠넘기려 상소했다고 진술하다.
12.11 의금부 판사 민진후가 임부의 소를 베껴 쓴 사람도 추문할 것을 청하자 한심하다며 민진후의 직책을 모두 체차하다.

1707 숙종 33년
1. 4 임부가 일곱 차례 형신 끝에 죽다.
7.14 남구만의 치사를 허락하고 봉조하로 삼다.
8.29 연잉군이 대궐을 나가야 한다며 집을 사주라 명하다.
12.20 최석정이 민암의 처자들을 연좌에서 풀어줄 것을 청하자 민암의 죄는 사사도 다행이라며 노하다.

1708 숙종 34년
3.30 홍역과 여역으로 전국에서 수만 명이 죽다.
7.28 4월에 민암 관련 발언으로 면직시킨 최석정을 다시 영의정으로 삼다.
11.18 청나라 사신이 황태자를 폐출했다는 자문을 가지고 오다.

1709 숙종 35년
1.16 이이명을 좌의정에, 윤증을 우의정에 제수하다.
1.18 이관명이 최석정이 지은 《예기유편》을 비판하다.
6.29 유생들이 계속 《예기유편》의 판각을 부숴버릴 청하는 가운데 최석정이 40여 차례 사직한 끝에 면직되다.
10.24 최석정을 다시 영의정으로 제수하다.

1710 숙종 36년
1.10 자신의 병을 약방에서 대수롭지 않게 본다며 도제조 이하를 삭탈관직하고 문외출송하다.
1.12 좌의정 서종태가 청해 삭출의 명은 도로 거두다.
3.13 지평 이방언 등이 청하자 최석정을 삭탈관직, 문외출송하다.
3.15 《예기유편》을 모두 거둬 불태우게 하다.

3.26 이여를 영의정에 제수하다.
7.27 경상, 충청의 유학 곽경두 등이 척석정의 정배, 윤증의 배척 등을 청하자 윤증을 헐뜯었다고 엄비를 내려 물리치다.
11.9 변방의 백성 9명이 국경을 넘어가서 청국인 5명을 살해하고 삼을 약탈하다.
12.27 청국인을 살해한 죄인들을 모두 체포하다.

1711 숙종 37년
1.3 왕세자가 진강 때 질문하지 않는다며, 아랫사람에게 묻는 것을 부끄러이 여기지 말도록 하교해달라고 이정신이 청하다.
3.17 남구만이 졸하다.
4.3 북한산성 역사를 시작하다.
4.19 서종태를 영의정에, 김창집을 좌의정에, 조상우를 우의정에 제수하다.
4.30 연은문에 패서가 걸리다.
10.19 북한산성 역사를 마치다.
12.26 비변사에서 양역 변통 절목을 만들었으나 미봉책에 그치다.

1712 숙종 38년
2.12 계속 미루다 연잉군을 사제로 내보내다.
2.26 청나라 차사 목극등이 백두산 일대를 조사하여 경계를 확정하기 위해 의주로 오다.
4.10 임금이 북한산성에 나가 살펴보다.
5.23 청나라 총관이 분수령이 되는 곳에 정계비를 세우자고 했다고 접반사 박권이 보고하다.
5.29 행부제학 이건명이 올봄 과거의 부정 소문에 대해 아뢰다.
6.9 사헌부에서 백두산 정계의 일에 태만한 접반사 박권과 함경도 관찰사 이선부를 파직하기를 청하다.
9.26 복상을 명해도 서종태와 김창집이 나오지 않자 이유를 영의정으로 삼고,

서종태와 김창집을 강등조치해서 각각 좌의정과 우의정으로 삼다.
10.8 어영청과 금위영이 주관한 북한산성의 성랑, 창고, 문루, 우물 등의 역사가 완공되다.
12.7 검문학 홍치중이 상소해 정계비를 세운 곳의 물줄기는 두만강에 합류되지 않는다고 아뢰다.

1713 숙종 39년
3.9 즉위 40년을 맞아 숭정전에서 임금에게 존호를 올리다.
5.5 어진을 새로 그려 강화도의 장녕전에 봉안하다.

1714 숙종 40년
1.30 윤증이 졸하다.
9.21 호포와 구전 가운데 강구해 백성의 괴로움을 풀어주라고 하교하다.
12.14 한 달 전에 왕세자에게 전위하라는 상소를 올렸던 성주 사람 김상현이 복주되다.

1715 숙종 41년
11.5 유상기가 《가례원류》를 간행한 뒤 올리자 살펴보고 윤증을 심하게 비난한 정호의 발문을 뺄 것을 명하다.
11.11 척석정이 졸하다.

1716 숙종 42년
1.29 《가례원류》와 관련해서 윤증을 지지하는 상소와 비판하는 상소가 잇따르자 《가례원류》는 사가의 일이니 관련 상소를 일체 받지 말게 하다.
2.3 조상건이 상소해 《가례원류》와 관련해 송시열을 옹호하자 삭탈관직하다.
2.22 이진유가 상소해 윤증을 옹호하면서 권상하 등의 처벌을 청하자 직접 불러 전말을 물어보는 등 시종 윤증의 입장을 두둔하다.

2.28 이여가 윤증을 비판하는 입장에서 차자를 올리자 의리가 명백하다며 이전과는 다른 반응을 보이다.
7.2 (그러나 이후로도 윤증, 송시열의 관계에서 시종 윤증의 입장을 지지하는 모습을 보이다가 돌연) 신유년의 의서와 송시열이 지은 윤선거 묘갈문을 같이 들이라 명하다.
7.6 의서와 묘갈문을 본 뒤 송시열의 손을 들어주는 처분을 내리다. 《가례원류》에 권상하의 서문을 다시 넣으라고 명하고, 죄주었던 이들을 모두 풀어주다.
8.24 김창집이 차자를 올려 시비가 끊이지 않으니 윤선거의 판본을 헐어버릴 것을 청하니 따르다. 이후 판본을 헐지 말라는 상소가 빗발쳤으나 파직, 체직 등으로 대응하다.
10.14 장령 조영복 등이 상소해 윤선거를 선정이라 부르는 것을 금할 것을 청하니 따르다.
12.29 태학생 김치후 등이 상소해 윤증에 대해 선정이란 칭호 사용을 금할 것을 청하니 따르다.

1717 숙종 43년
1.12 윤증을 유현이라 부르지 못하게 하다.
2.29 태학생 조겸빈 등이 상소해 김장생의 문묘 종사를 청하니 윤허하다.
3.3 치료를 위해 온양으로 온천욕을 떠나다.
4.3 별 효과를 보지 못한 채 창덕궁으로 돌아오다.
5.12 김창집을 영의정에, 이이명을 좌의정에, 권상하를 우의정에 제수하다.
5.20 김장생을 문묘에 종사하다.
5.29 윤선거 부자의 관작을 삭탈하다.
7.19 눈병이 심해 정무를 볼 수 없다며 변통의 방도가 있어야겠다고 하자 이이명이

왕세자의 도움을 받을 것을 권하다. 이어 이이명을 따로 불러 독대하다.(정유독대) 다시 희정당에서 김창집, 이이명, 이유, 승지, 사관들과 함께 왕세자의 대리청정을 결정하다.
7.25 좌의정 이이명과 민진후가 청대해 청정 절목에 대해 논의하고, 대부분 세종 때의 전례를 따르기로 하다.
7.28 중추부 영사 윤지완이 올라와 정청을 결정하는 날 왕세자에 대해 했던 미안한 발언과 이이명의 독대에 대해 강력히 비판하다.
8.1 왕세자가 사민당에 나아가 백관의 조참을 받다.
8.9 경상 좌우도의 유생들이 독대 및 대리청정과 관련해 시험을 거부해 초시가 파장되다.
11.14 호구가 154만 7,709호, 인구는 682만 9,771명이라고 한성부에서 보고하다.
12.7 유학 함일해가 희빈 묘의 자리가 안 좋다며 천장을 청하다.

1718 숙종 44년
2.7 세자빈 심씨가 졸하다.
2.20 장씨 묘를 천장케 하다.
3.9 숙빈 최씨가 졸하다.
4.8 소현세자의 빈인 민회빈의 위패와 시호를 회복하게 하다.
윤8.6 중추부 영사 윤지완이 졸하다.
9.16 왕세자의 가례를 행하다.

1719 숙종 45년
2.21 중추부 판사 서종태가 졸하다.
4.7 장씨의 천장을 마치다.
6.11 왕세자가 승지들에게 노여움을 폭발시키다.
6.14 비망기로 왕세자를 꾸짖다.

6.25 이건명이 왕세자의 침묵하는 태도에 대해 비판하다.
10.2 연령군 이훤이 졸하다.

1720 숙종 46년
1.5 김창집이 왕세자의 침묵하는 태도를 비판하고, 이에 대해 유의하겠다고만 하고 고치지 않는 왕세자를 응교 김상옥이 다시 비판하다.
2.26 이날부터 열흘 간 왕세자가 홍진을 앓다.
4.24 왕의 병이 심해져서 시약청을 설치하다.
6.8 왕이 훙서하다.

조선과 세계

조선사

1674	숙종 즉위
1675	송시열, 덕원에 유배
1676	각 도에 암행어사 파견
1677	호패법 시행
1678	상평통보 주조·유통
1679	강화에 돈대 축조
1680	경신환국
1681	남해에 이순신 충렬묘비 건립
1682	이이, 성혼 등 5현을 문묘에 종사
1683	현열대비 사망
1684	남구만을 우의정에 제수
1685	섬에 이국선 출몰
1686	이징명, 재변의 원인으로 외척, 여인을 거론
1687	김만중 귀양
1688	소의 장씨 아들 출산
1689	기사환국
1690	희빈 장씨를 왕비에 책봉
1691	성삼문 등 사육신을 복관
1692	김만중 사망
1693	어부 안용복 일본에 납치
1694	갑술환국
1695	서원을 함부로 세우는 것을 금함
1696	비변사에서 안용복 추문
1697	장길산 무리에 대한 체포령
1698	노산군 묘호를 단종으로 추상
1699	전염병 창궐
1700	《선원보략》편찬
1701	인현왕후 사망
1702	숙종, 남인 수용 탕평책을 비판
1703	숙종, 금위영 혁파를 명했다가 곧 번복
1704	대보단 건립
1705	울릉도에 탐사대 파견
1706	임부, 동궁 모해설로 심문 받음
1707	남구만을 봉조하로 삼음
1708	전염병으로 전국에서 수만 명 사망

세계사

네덜란드, 해상권 쇠퇴
뉴잉글랜드 원주민, 유럽인과 필립 왕 전쟁
아메리카, 버지니아 식민주의자들 반란
영국, 네덜란드와 동맹
청, 오삼계 사망
영국, 인신보호령 제정
일본, 도쿠가와 쓰나요시, 5대 쇼군 즉위
청, 삼번의 난 종식
영국, 필라델피아에 식민지 건설
청, 타이완 정벌
영국, 버뮤다제도 점령
프랑스, 낭트칙령 폐지
러시아, 청에 통교를 청함
영국, 뉴턴, 만유인력의 법칙 발표
영국, 명예혁명
청, 러시아와 네르친스크조약 체결
오스만튀르크, 베오그라드 탈환
오스만튀르크, 아흐메드 2세 즉위
영국과 네덜란드, 프랑스 해군 격파
아메리카, 윌리엄앤드메리 대학 설립
영국, 잉글랜드 은행 설립
청, 자금성 태화전 준공
네덜란드, 자바에서 처음으로 커피를 재배
티베트, 달라이 라마 6세 즉위
영국, 토머스 세이버리, 양수 펌프 발명
러시아, 군대를 유럽식으로 개편
스웨덴, 나르바 전투에서 러시아군 격파
에스파냐, 왕위계승전쟁 발발
러시아, 스웨덴군 격파
오스만튀르크, 아흐메드 3세 즉위
영국, 지브롤터 점령
카사노 전투
스웨덴, 알트란슈테트조약
무굴제국, 아우랑제브 황제 사망
러시아, 표트르 1세, 개혁 시작

조선사	세계사
1709 이관명, 최석정이 지은 《예기유편》 비판	영국, 인클로저 운동
1710 최석정을 삭탈관직하고 《예기유편》 불태움	프랑스, 베르사유궁전 완공
1711 북한산성 역사 시작	청, 강희제, 성세자생인 제도 공포
1712 북한산성 역사 완공	청, 황태자를 폐하고 함안궁에 가둠
1713 숙종의 어진을 강화도 장녕전에 봉안	에스파냐, 왕위계승전쟁 종료
1714 숭례문 패서 사건	영국, 하노버 왕조 시작
1715 《가례원류》를 둘러싼 분쟁	프랑스, 루이 15세 즉위
1716 노론과 소론의 대립이 심해짐	일본, 도쿠가와 요시무네, 8대 쇼군 즉위
1717 김장생을 문묘에 종사	영국·프랑스·네덜란드, 삼국동맹 결성
1718 소현세자의 비 강빈의 위호를 회복	청, 티베트로 대규모 원정군 파병
1719 연령군 사망	영국, 디포, 《로빈슨 크루소》 발표
1720 숙종 사망	이탈리아 사보이 가문, 사르데냐공국 성립

The Veritable Records of the Joseon Dynasty

In the Joseon Dynasty, there were always officials who followed and monitored the king. They slept in the room adjacent to where the king slept, and they attended every meeting the king held. The king could not go hunting or meet a person secretly without these officials being present.

These officials were called 'Sagwan,' and they observed and recorded all details of daily events involving the king in turns, things that the king said, and things that happened to him. The drafts created by them were called 'Sacho.' Even the king himself was not allowed to read those drafts, and the compilation process only began after the king's death.

When the king passed away, the highest ranking governmental official would be appointed as the chief historical compiler. A research team would collect all the drafts and relevant supporting materials, select important records with historical significance, and organize them in a chronological order. The finished product was usually called 'Sillok,' which means veritable records.

The Veritable Records of the Joseon Dynasty features a most magnificent scale, as it is a record of all the events that occurred over 472 years, from the reign of King Taejo to the reign of the 25th King Cheoljong (1392~1863). It consists of 1,893 volumes and 888 books (total of 64 million Chinese characters). It was registered as a World Cultural Heritage in Records, by UNESCO in 1997.

Source: A Korean History for International Readers, Humanist, 2010.

Summary

The Veritable Records of King Sukjong

Political Manipulation, Covert Royal Conflicts, and Changes in the Regime

Sukjong, the only son of Hyeonjong, ascended to the throne at the age of 14. Despite his youth, he was skilled in rhetoric and wise enough to engage in politics without there being any actual power of regent (suryeom cheongjeong). Above all, he had a strong ego that drove him to become an autonomous monarch, a fact that he displayed when he exiled Song Siyeol, who had wielded great influence in court politics.

Amid the controversy between the Westerners and the Southerners, Sukjong attempted to "exchange ruling powers," a political maneuver through which one side is driven out by the empowerment of their opposing faction, and eventually both sides are diminished by continuous political instability. With opposition intensifying, the two factions fought back and forth, while still adhering to the king's orders. Through this process, Sukjong strengthened royal authority, establishing an entirely different form of the "Strong King, Weak Officials" system employed by Hyojong and Hyeonjong.

Having restored his authority, Sukjong ramped up his efforts to restore social infrastructure, which had seen moderate success since the Hideyoshi's Invasion of 1592. However, Sukjong's technique of exchanging rulings powers was politically costly, since it promoted faction strife rather than policy competitions, and was by nature unpredictable, destructive, and wasteful. In principle, adhering strictly to Confucian politics naturally leads to a "Weak King, Strong Officials" system, whereas neglecting the needs of the people and the censors leads to stronger royal authority. In effect, exchanging ruling powers was essentially a top-down coup, which completely disregarded Confucian politics.

세계기록유산, 《조선왕조실록》

《조선왕조실록》이란?

　　《조선왕조실록》은 국보 제151호이자 유네스코 세계기록유산(1997년 지정)으로 조선 건국에서부터 철종까지 472년간을 편년체로 서술한 역사 기록물이다. 총 1,893권, 888책이며, 한글로 번역할 경우 300여 쪽의 단행본 400권을 훌쩍 넘는 분량이다. 철종 이후의 기록인 《고종실록》과 《순종실록》도 있으나 이것은 일본의 지배하에 편찬된 터라 통상 《조선왕조실록》으로 분류하지 않는다. 《단종실록》, 《연산군일기》, 《선조실록》, 《철종실록》처럼 기록이 부실한 경우도 있는데 정변이나 전쟁, 세도정치라는 시대 상황이 낳은 결과이다. 또한 《선조수정실록》, 《현종개수실록》, 《숙종실록보궐정오》, 《경종수정실록》처럼 뒷날에 집권한 당파의 요구에 의해 새로 편찬된 경우도 있다. 하지만 원본인 《선조실록》, 《현종실록》, 《숙종실록》, 《경종실록》을 폐기하지 않고 함께 보존함으로써 당대를 더욱 정확히 알게 해준다. 이렇듯 《조선왕조실록》은 그 기록의 풍부함과 엄정함에 더해 놀라운 기록 보존 정신까지 보여주는 우리 선조들의 위대한 유산이다.

《조선왕조실록》은 어떻게 기록되었나?

　　조선은 왕이 사관이 없는 자리에서 관리를 만나는 것을 엄격히 금지했다. 또한 왕은 원칙적으로 사관의 기록(사초)을 볼 수 없었다. 신하들도 마찬가지여서 실록청 담당관을 제외하고는 누구도 볼 수 없었다. 그래서 사관들은 왕이나 권력자의 눈치를 보지 않고 보고 들은 일들을 있는 그대로 기록할 수 있었다. 왕이 죽으면 실록청이 만들어지고 모든 사관의 사초가 제출된다. 여기에 여타 관청의 기록까지 참조하여 실록이 편찬된다. 해당 실록이 완성되고 나면 사초는 모두 물에 씻겨졌다(세초). 이렇게 만들어진 실록은 여러 곳의 사고에 나누어 보관되는데, 이 또한 후대 왕은 물론 신하들도 열람할 수 없도록 했다. 선대의 왕들에 대한 기록이나 평가로 인해 필화 사건이 생기지 않도록 한 것이다. 이 같은 원칙들이 철저히 지켜졌기에 《조선왕조실록》이 오늘날까지 존재할 수 있었다.

도움을 받은 책들

《국역 조선왕조실록 CD-ROM》, 서울시스템주식회사, 1995.
강순제 외, 《역사인물 초상화 대사전》, 현암사, 2003.
권오창, 《인물화로 보는 조선시대 우리 옷》, 현암사, 1999.
김경수, 《'언론'이 조선왕조 500년을 일구었다》, 가람기획, 2000.
김문식·신병주, 《조선 왕실 기록문화의 꽃, 의궤》, 돌베개, 2005.
김문식·김정호, 《조선의 왕세자 교육》, 김영사, 2003.
김희영, 《이야기 중국사》, 청아출판사, 1996.
민승기, 《조선의 무기와 갑옷》, 가람기획, 2004.
박영규, 《조선의 왕실과 외척》, 김영사, 2003.
박영규, 《한 권으로 읽는 조선왕조실록》, 들녘, 1996.
방기혁·정영미, 《울릉도, 독도 사수 실록》, 비봉출판사, 2007.
신명호, 《조선왕비실록》, 역사의아침, 2007.
신명호, 《조선의 왕》, 가람기획, 1998.
윤정란, 《조선의 왕비》, 차림, 1999.
이덕일, 《송시열과 그들의 나라》, 김영사, 2000.
이덕일, 《조선왕 독살사건》, 다산초당, 2005.
이성무, 《조선시대 당쟁사》 2, 동방미디어, 2002.
이이화, 《이야기 인물 한국사》 5, 한길사, 1993.
이이화, 《이이화의 한국사 이야기》 13, 한길사, 2001.
이한우, 《숙종, 조선의 지존으로 서다》, 해냄, 2007.
장영훈, 《왕릉풍수와 조선의 역사》, 대원미디어, 2000.
최범서, 《야사로 보는 조선의 역사》 2, 가람기획, 2004.
한국고문서학회, 《조선시대 생활사》, 역사비평사, 1996.
한국생활사박물관 편찬위원회, 《한국생활사박물관》 10, 사계절, 2004.
한국역사연구회, 《조선시대 사람들은 어떻게 살았을까》 1·2, 청년사, 2005.
홍순민, 《우리 궁궐 이야기》, 청년사, 2002.

박시백의 조선왕조실록 14 숙종실록

1판 1쇄 발행일 2009년 8월 10일
2판 1쇄 발행일 2015년 6월 22일
3판 1쇄 발행일 2021년 3월 15일
4판 1쇄 발행일 2024년 6월 24일

지은이 박시백

발행인 김학원
발행처 (주)휴머니스트출판그룹
출판등록 제313-2007-000007호(2007년 1월 5일)
주소 (03991) 서울시 마포구 동교로23길 76(연남동)
전화 02-335-4422 **팩스** 02-334-3427
저자·독자 서비스 humanist@humanistbooks.com
홈페이지 www.humanistbooks.com
유튜브 youtube.com/user/humanistma **포스트** post.naver.com/hmcv
페이스북 facebook.com/hmcv2001 **인스타그램** @humanist_insta

편집주간 황서현 **편집** 최인영 박나영 강창훈 김선경 이영란 **디자인** 김태형 **사진** 권태균 **영문 초록** 강승묵
번역 감수 김동택 David Elkins **조판** 프린웍스 **용지** 화인페이퍼 **인쇄** 삼조인쇄 **제본** 해피문화사

ⓒ 박시백, 2024

ISBN 979-11-7087-176-7 07910
ISBN 979-11-7087-162-0 07910(세트)

• 이 책은 저작권법에 따라 보호받는 저작물이므로 무단 전재와 무단 복제를 금합니다.
• 이 책의 전부 또는 일부를 이용하려면 반드시 저자와 (주)휴머니스트출판그룹의 동의를 받아야 합니다.

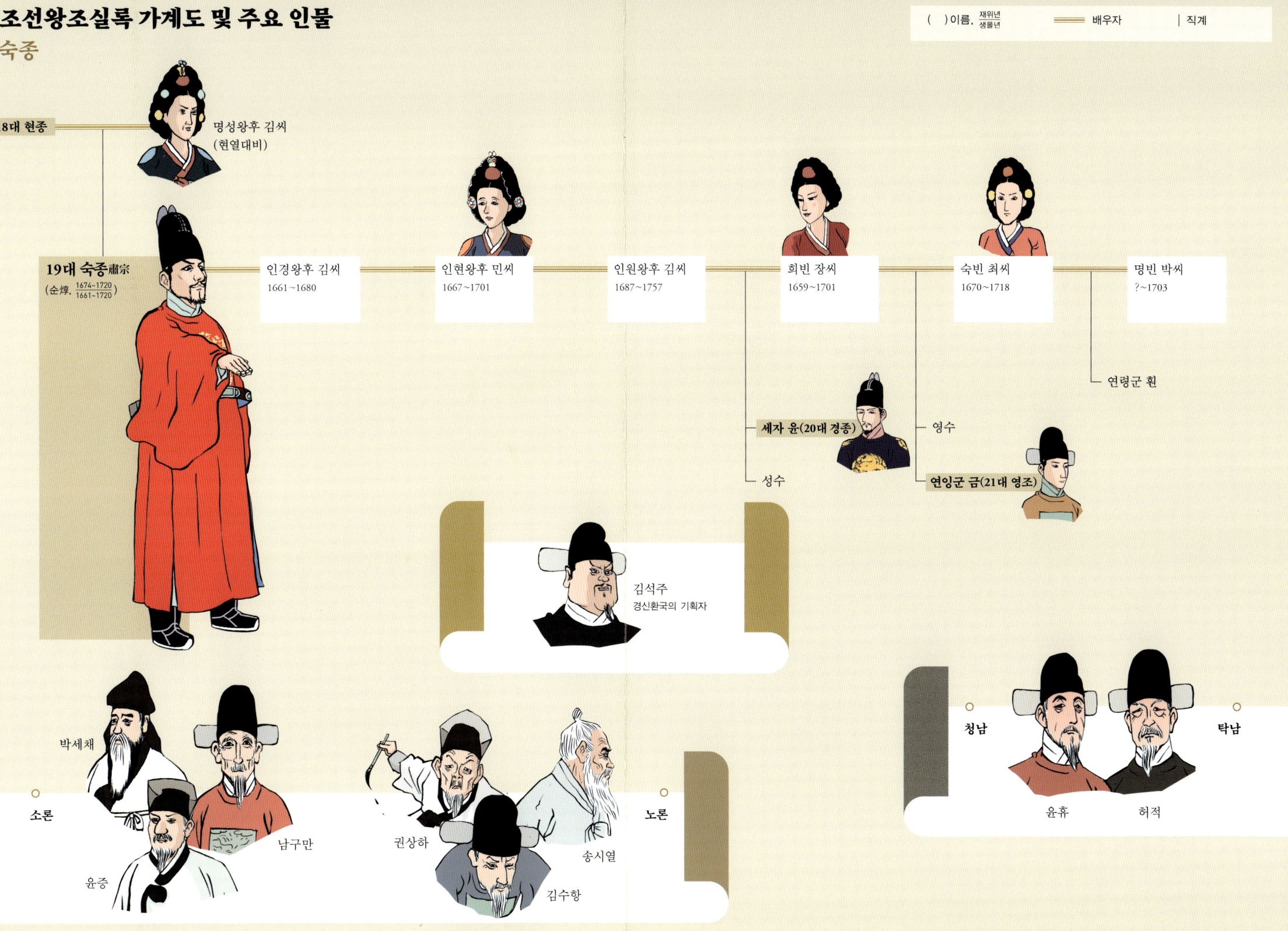

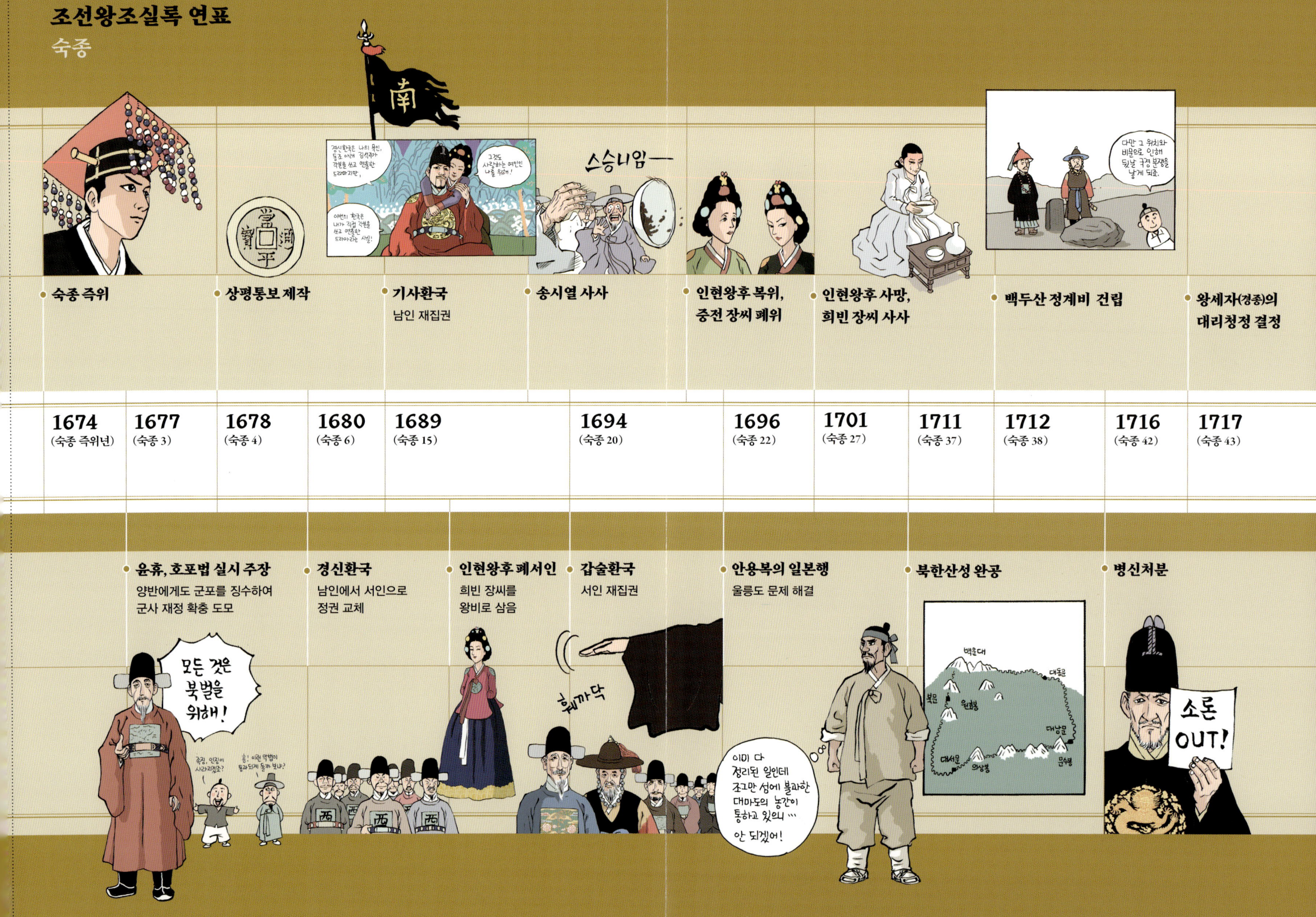